我们一起解决问题

# 价值

## 从机会洞察

# 创新

## 到商业变现

刘全锋

著

人民邮电出版社

北京

**图书在版编目（ＣＩＰ）数据**

价值创新：从机会洞察到商业变现 / 刘全锋著. --
北京：人民邮电出版社，2023.1
ISBN 978-7-115-60432-3

Ⅰ．①价… Ⅱ．①刘… Ⅲ．①企业创新－研究 Ⅳ.
①F273.1

中国版本图书馆CIP数据核字(2022)第213264号

## 内 容 提 要

在同一个市场中，为什么有些企业的产品和服务持续受到市场的追捧，而另一些企业的产品和服务却表现平平？为什么有些企业可以持续获得竞争力的突破并做到后来者居上，而另一些企业却停滞不前甚至每况愈下？这背后的关键原因便是能否创新。面对快速多变的市场环境，创新已成为企业发展的必由之路。

本书结合华为等标杆企业的创新实践对创新的理念和方法进行了总结和提炼。全书内容分为三个部分，即创新理念、创新实践方法、组织与文化，分别详细阐述了企业应该树立什么样的创新理念来指引创新、具体的创新工作应该如何开展、什么样的组织与文化才能支撑创新活动的持续有效开展。此外，书中还穿插了 30 多家优秀企业的创新实践案例，这些案例有助于读者结合自身企业的具体情况运用相关的创新理念和实践方法。

本书适合各行各业的企业经营管理人员及创新创业人员阅读，也可作为相关研究、咨询机构的参考读物。

◆ 著　 刘全锋
责任编辑　陈 宏
责任印制　彭志环

◆ 人民邮电出版社出版发行　　北京市丰台区成寿寺路 11 号
邮编 100164　电子邮件 315@ptpress.com.cn
网址 https://www.ptpress.com.cn
三河市中晟雅豪印务有限公司印刷

◆ 开本：700×1000　1/16
印张：15　　　　　　　　　　　　 2023 年 1 月第 1 版
字数：200 千字　　　　　　　　 2024 年 11 月河北第 2 次印刷

定　价：69.80 元
读者服务热线：（010）81055656　印装质量热线：（010）81055316
反盗版热线：（010）81055315
广告经营许可证：京东市监广登字 20170147 号

在变化的市场中，机遇总是与风险并存。对企业来说，关键是能否抓住机遇并对风险进行有效的管控。有些企业依靠行业发展红利业绩水涨船高，不过一旦行业开始下行，则难以风光再现；有些企业则在激烈的市场竞争中持续突破，并总能在变化的市场中把握住发展机遇。

处于同一行业中的不同企业，为什么有的企业能够持续突破并做到后来者居上，而另一些企业却停滞不前甚至每况愈下？为什么有些产品和服务能够受到市场的追捧，而另一些产品和服务却业绩平平甚至惨遭失败？其实背后的关键原因就是能否做到持续的创新突破。面对市场环境的快速变化，无论处于顺境还是逆境，创新已成为企业发展的必由之路。

谈到创新，不同的企业会有不同的反应。成熟的企业相对保守，初创企业则相对激进，因为初创企业往往还没有真正经历惨痛的失败。创新可能成功也可能失败，高收益的背后往往隐藏着较大的风险，因此企业对创新的驾驭能力就显得尤为重要。

企业对创新的认知会经历一个从模糊到清晰的过程，一般可分为三个层次，如图 1 所示。

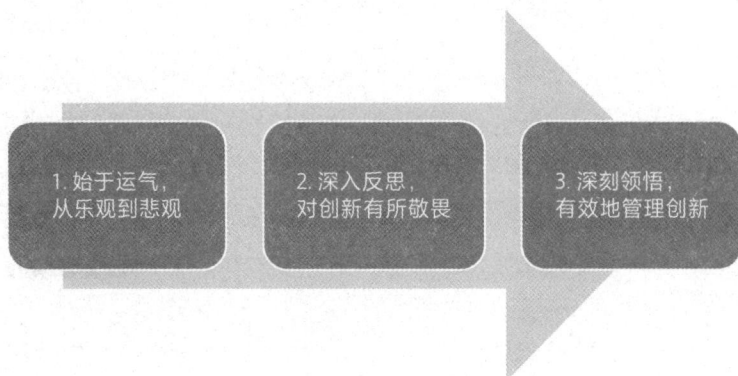

图 1　企业对创新认知的三个层次

**层次一：始于运气，从乐观到悲观**

有些企业在特定阶段凭借运气就成功了，但把运气当成了自身的能力。有些企业试图简单地复制其他企业在特定条件下的成功，这种盲目的乐观必然会将企业带入失败的境地。这些企业在经历了多次的创新失败后，会走向另一个极端——全面否定创新。之后，随着市场竞争的加剧，其中的绝大多数企业会在行业内销声匿迹。

**层次二：深入反思，对创新有所敬畏**

有些企业经历了一些创新失败后，开始意识到原有认知的局限性。这些企业通过持续的努力，无论能力还是创新产出，都有了进一步的提升。虽然这些企业在创新实践中也经常会犯一些错误，但是总的来说创新给它们带来了更多的收益。这些企业既拥抱创新，也对创新有所敬畏。不过，处于这个认知层次的企业，仍然难以有效地管理创新。

**层次三：深刻领悟，有效地管理创新**

虽然创新具有挑战性，但是总有一些企业能够深刻领悟创新的本质并对创新进行有效的管理。这些企业有较高的管理水平和较强的组织能力，理解创新不是凭借运气而是靠正确的理念和方法，同时也理解创新所要面对的风险与挑战。这些企业把创新融入了组织能力并贯彻到了日常业务运作中。

在经营过程中，企业既不能过于保守，也不能过于激进，而是要学会做一个保守的创新者。如何理解"保守的创新者"？保守的创新者既敢于创新，又有能力管控创新的风险。也就是说，保守的创新者善于平衡创新的风险与收益。华为就是这样一家既保守又创新的企业。不过，很多企业既缺少管理又缺乏创新。本书结合华为等标杆企业的优秀创新实践对创新的理念和方法进行了总结和提炼，内容结构如图 2 所示。

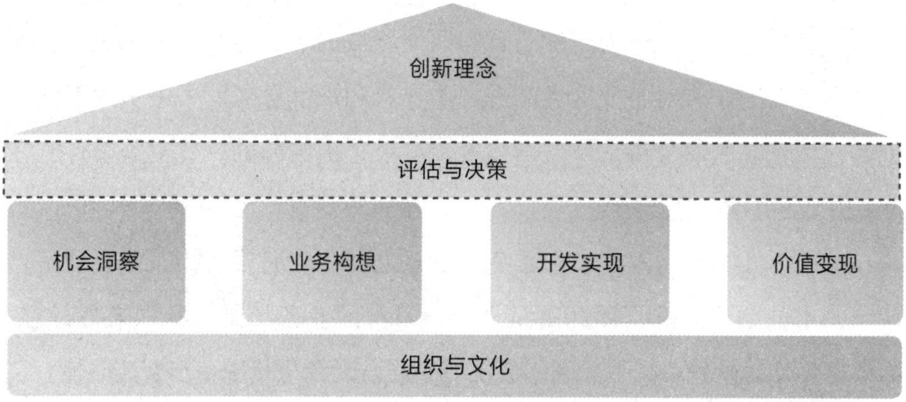

创新理念

评估与决策

| 机会洞察 | 业务构想 | 开发实现 | 价值变现 |

组织与文化

图 2　本书的内容结构

本书内容分为三个部分，分别是创新理念、创新实践方法（图 2 的中间部分，包括评估与决策）、组织与文化。

（1）**创新理念**：企业应该树立什么样的创新理念来指引创新

这一部分结合华为等标杆企业的创新实践对创新理念进行了总结和提炼，内容涉及创新的目的、创新的核心驱动力、创新的边界和企业的持续进化能力。

（2）**创新实践方法**：具体的创新工作应该如何开展

这一部分是本书的核心内容，阐述了一项创新从机会发现到最终被成功推向市场进行商业变现全过程的核心业务要点，内容涉及创新实践的五个阶段——创新机会洞察、业务构想（产品创新和商业模式创新）、评估与决策、开发实现和价值变现。

（3）**组织与文化**：什么样的组织与文化才能支撑创新实践的持续有效开展

这一部分重点关注的是企业如何让创新突破可持续，分别阐述了如何基于六大维度检验企业的创新力，以及通过管理变革提升组织能力的基本思路。

本书是站在巨人肩膀上取得的成果，这也使其具有了更高的实践价值。本书内容得益于我在华为研发及营销两大领域的实践经验，也得益于我从事管理咨询工作后对企业管理的进一步实践和深度思考。书中引用了华为创始人任正非的部分讲话及文章内容，参考了国内外的一些优秀著作，在此一并表示感谢！

由于个人能力所限，书中难免有不足之处，欢迎读者指正。管理是科学与艺术的结合，并且要深度结合企业自身的业务场景，所以知易行难。如果在具体的业务场景中遇到相关挑战，欢迎读者与我进一步交流碰撞。

刘全锋

于 2022 年 10 月 20 日

# 目录

## 第 3 章

# 产品创新：从需求到构想

第 4 章

# 商业模式创新：重塑底层商业逻辑

# 第 1 章

# 创新理念：
# 让创新为价值而生

很多企业已经意识到了创新的重要性，但如果想通过创新获得更好的回报，就要先树立正确的创新理念，而非仅仅重视创新方法。

"要想富，先修路。"这一理念在我国深入人心。那么，是否存在一种可以指引企业更好地创新的理念呢？如果存在，那么这种理念是什么呢？

## 1.1　创新是永恒的主题

本书将介绍很多优秀企业的案例，如华为、阿里巴巴、腾讯、安克创新、美捷步（Zappos）、小米公司、苹果公司等。一家企业是否优秀，关键不是看企业在创立初期有多么耀眼，而是看企业成长进步的速度。真正有追求的企业，即使初期不那么优秀，甚至存在各种各样的问题，但只要能够持续创新突破，也可以在竞争中脱颖而出。

优秀的企业表现各异，但背后一定有某些共性。其中，最本质的一条可以归纳为：以客户为中心，持续创新突破并成就客户。这要求企业深刻理解客户的业务挑战并提供有竞争力的解决方案，通过建立客户对自身的信任推动合作的达成，并通过成就客户进一步形成积极正面的口碑。企业通过不断强化以客户为中心的业务闭环（见图 1-1），在成就客户的同时自身也得以发展壮大。

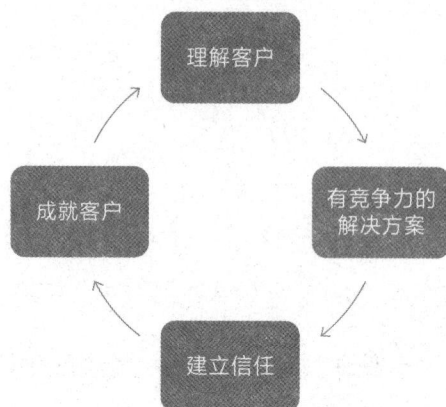

图 1-1　以客户为中心的业务闭环

优秀的企业如何持续保持优秀？其中的关键便是持续做好以客户为中心。虽然理解以客户为中心的理念很容易，但做好这件事却很有挑战性，持续做好更难。企业跻身行业第一梯队后要面对行业内的最强对手，同时可能还要面对跨界进入的新对手。因此，企业必须在以客户为中心的同时勇于创新，在构建竞争优势之后要敢于打破既有优势并构建新的优势。

1987 年成立的华为就是抓住了通信行业大发展的历史性机遇，并在竞争激烈的高科技领域通过"对标——跟随——超越"这一发展路径成了行业领导者。面对强大的对手，华为在发展早期就遵循一条朴实的生存法则——"质量好、服务好、运作成本低，优先满足客户需求"。这条法则看似简单，但是做起来非常难，因为"质量好、服务好"往往意味着成本高。另外，市场环境的持续变化也会给企业经营带来新的挑战。例如，2019 年以来，市场环境发生了重大变化，华为遭遇了诸多挫折，但很多客户依然对华为充满信心。在 2019 年 10 月的世界经济论坛印度峰会上，印度巴蒂电信创始人苏尼尔·米塔尔（Sunil Mittal）在谈及是否应该与华为合作的问题时表示，印度应该与华为合作，其中关键原因之一是华为的设备在 3G 和 4G 时代就已经明显优于爱立信和诺基亚的设备。客户对华为高度认可的背后是华为真正做到了以客户为中心的持续创新突破，这让华为具备了更强的适应外部环境变化的能力。

## 1.2 要想取得创新突破，首先要树立正确的创新理念

企业在创新过程中总是或多或少地面临如下挑战：

- 在行业里耕耘了数年，但仍难以跳出同质化竞争；
- 虽有一定的规模优势，但大而不强，抵御风险的能力较弱；
- 热衷于追随"风口"，但进入对应的业务领域后却迟迟看不到市场需求的爆发；
- 创新时过于关注差异化，对客户需求的理解停留在表面，导致客户体验不佳，最终难以实现预期目标；
- 随着新竞争对手的加入，新业务的实际表现与最初预想相差甚远；
- 资源与能力的限制导致一直无法实现创新突破；
- 多次创新失败使企业对创新失去了信心。

没有创新成果支撑的创新热情是难以持续的，创新可持续的前提之一是善于创新。这要求企业树立正确的创新理念并遵循正确的方法。基于华为在创新方面的成功实践，我们可以总结归纳出四个方面的创新理念。

（1）以正确的创新目的为指引。企业要想少走弯路，就要理解为什么要创新。

（2）关注创新的核心驱动力。客户需求和技术突破是创新的两个核心驱动力。其中，客户需求是灵魂，是检验技术价值的标尺。这里所说的客户需求包括当前的需求和未来的需求。技术突破既要关注如何满足当前的

需求，也要考虑如何牵引未来的需求。

（3）把握好创新的边界。企业在创新过程中既要避免漫无目的地随意扩张，又要在一定的约束下打破现有的资源和能力边界。

（4）形成持续进化的能力。企业过去的成功并不必然带来未来的成功，甚至有时还会成为进一步突破的障碍。企业只有敢于正视自己的不足并勇于打破既有优势，才能持续领先。

创新目的、驱动力、边界和持续进化这四个方面可进一步细化为 11 个维度，如图 1-2 所示。

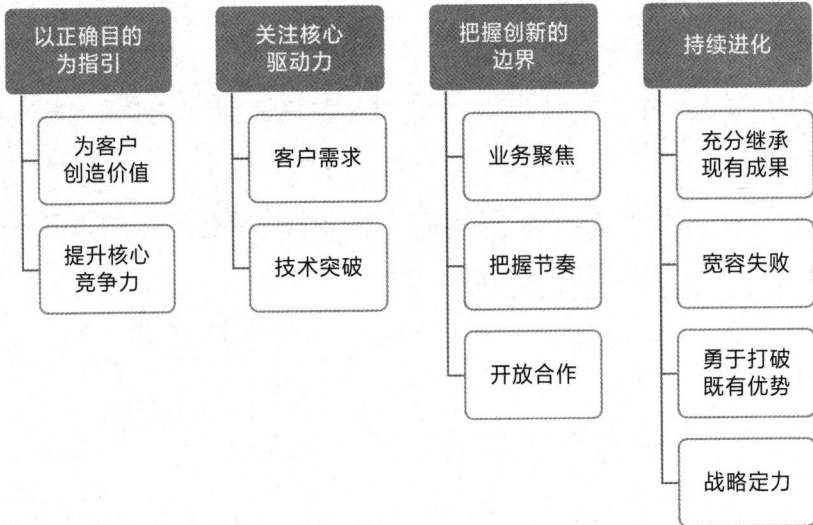

图 1-2　创新的核心理念

## 1.2.1　以正确的创新目的为指引：理解为什么要创新

如果企业想清楚了为什么要创新，往往就会发现创新过程中所遇到的许多困惑已经迎刃而解。例如，差异化本身是否重要？是否需要关注创造性模仿？

　　我曾与一位 B2C 领域的企业创始人交流，他分享了一些有关创新的心得。他原来认为企业要做创新就一定要推出"新、奇、特"的产品，否则都不好意思说自己的产品是创新型产品。但是，这种过于强调差异化的创新理念导致企业为了推广新产品投入大量的资源，最后真正掏钱的消费者却寥寥无几。投入了大量资源却得不到应有的产出，正是这样的惨痛教训让他认识到自己之前对创新的理解是非常片面的，创新不是为了标新立异。那些不能打动客户的标新立异不仅没有价值，甚至会给企业造成巨大的损失。

　　华为在产品和服务创新方面取得了非常好的成绩，但华为并没有过于强调创新，而是更多地强调以客户为中心。最近几年，由于自身市场地位的变化及消费类产品的宣传需要，华为对"创新"一词的使用频率才有所增加。

　　华为是如何看待创新的呢？任正非在 2000 年回顾华为 10 多年的发展历程时，针对"华为为何要创新"这个话题感慨道："华为自始自终以实现客户的价值观为经营管理理念，围绕这个中心，为提升企业核心竞争力，进行不懈的技术创新与管理创新。在实践中我们体会到，不冒风险才是企业最大的风险。只有不断地创新，才能持续提高企业的核心竞争力，只有提高企业的核心竞争力，才能在技术日新月异、竞争日趋激烈的社会中生存下去。"

　　其实，任正非的这些话讲出了创新的核心目的。我们可以把企业创新的目的总结为两个要点：一是为客户创造价值，二是构建企业自身的核心竞争力。为客户创造价值可以简单地理解为聚焦客户需求并成就客户，构建企业自身的核心竞争力则可以理解为让企业具备领先于竞争对手的能力。

　　企业明确了创新目的，就可以更有效地开展创新。这时，我们再回想关于差异化和创造性模仿的困惑，答案就呼之欲出了：差异化及创造性模仿都是具体的方法路径，其本身不是目的。因此，关键还是看具体的方法路径是否有利于创新目的的达成。例如，曾经红极一时的某连锁餐厅，其定位弱化了餐厅最应该强调的"好吃和健康"的根本属性，却过于突出"拍照炫耀"这种社交属性。这就是典型的为了差异化而忽视目的本身的做法，这样做必然导致失败。与差异化相比，我们更应该关注创新本身对客户的核心价值是什么及其对企业经营来讲是否具有可持续性。

竞争是企业在发展过程中无法回避的一个话题，企业必须时刻检视自己的核心竞争力是什么并思考如何进一步巩固竞争优势。企业针对自身核心竞争力做布局，至少要看到未来三五年，有些表现卓越的企业则有能力布局未来 10 年甚至更久。

华为矢志不渝地追求企业核心竞争力的不断提升，从未把利润最大化作为目标。核心竞争力不断提升的必然结果就是生存、发展能力不断得到提升。

——任正非，《创新是华为发展的不竭动力》，2000 年

如果企业缺乏核心竞争力，即使有先发优势，也会徘徊不前，并很快被竞争对手超越。现实中有太多行业领导者不断更替的例子，这些都是企业核心竞争力此消彼长的结果。

## 1.2.2 关注创新的核心驱动力：客户需求与技术突破双轮驱动

2013 年，美国《大西洋月刊》的一篇封面文章评选了自轮子问世以来人类历史上的 50 项伟大发明。我们熟知的水泥、钉子、算盘这些看似简单的东西赫然在列。当然，其中还有印刷术、个人计算机（Personal

Computer，PC）、互联网等。

是什么力量在驱动着这些创新呢？背后的力量虽然有很多种，但其中最关键的驱动力是客户需求和技术突破。

## 1. 客户需求

为什么水泥、钉子、算盘这些我们司空见惯的东西能够进入 50 项伟大发明的榜单呢？关键不在于这些发明背后的技术有多么高深，而在于它们满足了人类社会发展过程中的核心需求。例如，钉子上榜的原因是"扩大了人类生活居住的范围"，算盘上榜的原因是"扩展人类智能的首批工具"。

从行业视角来看，驱动行业发展的核心动力之一就是客户需求。客户需求是企业生存与发展的灵魂所在。只要满足客户需求并成就客户，企业自然就会获得更好的发展机会。如果背离了客户需求，企业即使拥有技术领先的产品，最终也会变得无足轻重。

2008 年，任正非在华为市场部年中大会上说："20 年来，我们由于生存压力，在工作中自觉不自觉地建立了以客户为中心的价值观。应客户的需求开发一些产品，如接入服务器、商业网、校园网，因为那时客户需要一些独特的业务来提升他们的竞争力。不以客户需求为中心，他们就不买我们小公司的货，我们就无米下锅。"

这里所说的客户需求，既包括客户当前的显性需求和隐性需求，也包括面向未来的前瞻性需求。大多数企业都知道客户需求的重要性，但如何以客户为中心并深入理解客户需求考验着企业的组织能力。华为的创新始终围绕客户需求进行，并坚持以客户需求为导向。

任正非在 2003 年产品路标规划评审会议上说："我们以前做产品时，只管自己做，做完了向客户推销，说产品如何好。这种我们做什么客户就买什么的模式在需求旺盛的时候是可行的，我们也习惯于这种模式。但是现在形势发生了变化，如果我们埋头做出'好东西'，然后推销给客户，那东西就卖不出去。因此，我们要真正认识到客户需求导向是一个企业生存发展的一条非常正确的道路。"

## 2. 技术突破

当客户需求很明确但受限于技术瓶颈时，技术突破这一驱动力的重要性就会凸显出来。例如，宁德时代在其官方网站中打出一句口号——"创新，源自每一次技术突破"。成立于 2011 年的宁德时代是一家崇尚技术创新的公司，其发展历程正是不断突破电池领域技术瓶颈的过程。正是因为在技术上的持续突破，宁德时代在早期就赢得了苹果公司、宝马汽车等世界级大客户并为今天的行业领导者地位奠定了基础。

华为早期强调市场需求驱动，2018 年华为公开发布的官方文件则提出了"技术创新与客户需求双轮驱动"。可见，已经成为行业领导者的华为要想继续引领行业，就要兼顾技术创新与客户需求。当然，技术创新虽然重要，但关键要看相应的技术能否给客户带来价值、能否促进企业自身竞争力的提升，否则盲目的技术创新很可能是自取灭亡。

> 许多领导世界潮流的技术，虽然是万米赛跑的领跑者，但不一定是赢家，反而会为"清洗盐碱地"和推广新技术而付出大量的成本。但是，企业没有先进技术也不行。华为的观点是，在产品技术创新上，华为要保持技术领先，但只能是领先竞争对手半步，领先三步就会成为"先烈"，明确将技术导向战略转为客户需求导向战略。通过对客户需求进行分析，提出解决方案，以这些解决方案引导开发出低成本、高增值的产品。盲目地在技术上创新引导世界新潮流，是要成为"先烈"的。
>
> ——《华为公司的核心价值观》，2007 年修改版

## 1.2.3　把握创新的边界：资源能力的收与放

华为在发展初期聚焦运营商市场，从代理交换机到自研交换机，从有线业务拓展到无线业务，后来又从运营商市场拓展到企业市场和消费者市场。在消费者市场中，华为从手机拓展到手机周边的电子产品，之后从销售产品转向构建生态系统。华为进入智能汽车领域后同样充分发挥了其优势，很好地利用了 B2B 和 B2C 两大业务领域的资源和能力积累。但很显然，创新业务的拓展不能漫无边界。华为的业务发展过程实际上是一个在业务聚焦中逐步扩张的过程，是一步一个脚印走过来的。

如何把握好创新的边界呢？首先，企业要想清楚核心业务是什么及如何聚焦核心业务，同时认清自身的资源与能力边界；其次，企业要让自身在业务聚焦中实现一定的突破，也就是适度突破现有的资源与能力边界，从而抓住一些新的机会。

### 1. 业务聚焦：创新边界的空间维度收敛

创新是有风险的，是很可能失败的。从战略层面来看，创新失败主要有两个原因：一是创新机会选择错误，二是资源投入不足。机会选择的问题将在第 5 章中深入阐述，这里重点讲资源投入不足的问题。

企业如果没有在相关领域投入足够的资源，就难以取得突破并形成核心竞争力。现实的情况是，任何一家企业都会受到资源的限制，在资源有限的情况下确保资源投入的唯一有效方法就是业务聚焦。当时，为了抵御外部市场机会的诱惑，华为在 1998 年定稿的基本法中明确"为了使华为成为世界一流的设备供应商，我们将永不进入信息服务业"。业务聚焦的理念在华为的管理经营中贯穿始终，虽然华为的业务领域不断扩张，但一直以聚焦主航道为前提。任正非在华为 2013 年度干部工作会议上说："我们只允许员工在主航道上发挥主观能动性与创造性，不能盲目创新，发散了公司的投资与力量。非主航道的业务，还是要认真向成功的公司学习，坚持稳定可靠运行，保持合理有效、尽可能简单的管理体系。要防止盲目创新，四面八方都喊创新，那将是我们的葬歌。"

业务聚焦是把业务做强的一种有效方式，企业只有善于拒绝机会才能做到业务聚焦。史蒂夫·乔布斯（Steve Jobs）重返苹果公司后带领苹果公司走向成功的一个关键举措就是业务聚焦：他砍掉了苹果公司当时的大部分产品，并把业务聚焦到了消费级和专业级的台式计算机和便携计算机这几类产品上。

> 创新来源于对 1 000 个想法说不，这样我们才能确保不会误入歧途，或者想做太多事情。我们总是在思考能进入的新市场，但是只有学会拒绝，才能集中精力关注真正重要的事情。
>
> ——乔布斯，《商业周刊》，2004 年 10 月 12 日

对于特定方向上的战略机会，聚焦又可以分为两种情况：一种情况是把尽可能多的优质资源都投入一个项目，从而确保项目的顺利推进；另一种情况是同时启动多个项目团队，以赛马的方式做相似的项目，这也是所谓的"多路径饱和攻击"的一种体现。因此，业务聚焦并不意味着只做减法，必要时也可以针对战略机会点做多路径投入。例如，苹果公司在开发智能手机时有两个团队并行工作，除了一个 iPhone 智能手机开发团队，还有一个以 iPod 为基础参照的智能手机开发团队。当年，腾讯内部也有多个团队同时做移动互联时代的即时通信产品，只不过微信最终在市场竞争中胜出。同样的道理，在短视频领域，字节跳动先后推出了西瓜、抖音、火山三款短视频产品。这样一方面可以通过产品定位的差异化抢占短视频这个战略市场，另一方面可以通过布局多个项目降低单个项目失败所带来的战略损失。

如果企业进行多业务的快速扩张，往往需要较强的资源和能力支撑，挑战非常大。这是因为多业务布局意味着在各个领域都要面对相应领域的强者，而企业的优质资源又被分散了，企业难以强化自身的市场地位。

### 2. 把握节奏：创新边界的时间维度收敛

华为的创新理念是"领先半步是先进，领先三步成先烈"。虽然有人认为不同行业的属性有所不同，这个理念不一定普遍适用，但这个理念仍然值得重视。之所以要把握创新的节奏，主要有两个原因：第一，如果创新太超前，市场很可能在短期内接受不了，这就意味着创新将被埋没很长一段时间；第二，即使有一些客户能接受相对超前的创新，但整个产业链的配套仍然存在较大的滞后性，这一阶段的投入产出比会很不理想。

只有在客户需求真实产生的机会窗出现时，科学家的发明转换成产品才产生商业价值。投入过早也会洗了商业的"盐碱地"，损耗本应聚焦突破的能量。例如，光传输今天是人类信息社会最大的需求，而十几、二十年前，贝尔实验室是最早发现波分的，北电是首先产业化的。北电的40G投入过早、过猛，遭遇挫折。前车之鉴，是我们的审慎的老师。

——任正非与英国研究所、北京研究所、伦敦财经风险管控中心座谈的纪要，2015 年

创新节奏要基于企业自身的战略定位予以确定。在战略层面，企业应该明确自己是做快速的跟随者、保守的领先者还是影响行业未来发展的引领者，因为不同的定位决定了企业是否要做超前的创新及超前的程度。例如，华为在早期的定位主要是跟随者，所以不会去做引领行业的创新。后来，华为发展到一定阶段后，就有能力去做引领性的创新了，如在 5G 技术方面。从 2009 年开始，华为花了 10 多年的时间去做 5G 技术的研究和布局，从而抓住了从 4G 切换到 5G 这个可助其实现弯道超车的发展机遇。

### 3. 开放合作：突破自身限制，打开资源边界与能力边界

无论企业还是个人，心态越开放，往往越容易成功。企业通过开放合作可以突破现有的资源和能力边界。特别是当企业成为行业领导者时，开

放合作能够帮助企业构建良好的生态环境，从而支撑企业的长远发展。

　　一定要开放，不开放就是死路一条。对我们公司来说，如果我们的软件不开放，就跟自给自足的农民一样，收益率非常低，再怎么折腾也就是一亩三分地。

　　而如果我们不掌握核心技术，开放就会埋葬自己。但是，我们光拥有核心技术，却没有开放，将不会带来附加值，也肯定没有大的效益。所以，我们既要拥有核心技术又要走向开放，这样核心技术的作用才能得到体现。开放周边能够使我们的核心价值再次得到升值。

——任正非，《只有开放，才有出路》，2001 年

华为早期进行产品开发时奉行的"拿来主义"也是一种开放心态，即购买先进企业的技术及专利使用权，而非自己从头研发新技术。从华为当时所处的市场环境来看，这可以说是一种高效、低成本的方式。目前，华为处于行业领导者的位置，但依然保持开放合作的心态，通过与各类伙伴（既包括全球的知名大学、研究所，也包括供应链上下游厂商等）进行资源和能力互补，共同促进行业发展。

## 1.2.4　形成持续进化能力：勇于打破既有优势并构建新的优势

外部市场环境的不断变化可能导致企业丧失原有的优势。因此，企业必须具备持续进化的能力，其中有四个关键点。

### 1. 充分继承现有成果

创新不是要推翻已有成果，而是要思考如何在继承现有成果的基础上实现突破。没有哪一项创新是百分之百的原创，包括那些看似具有颠覆性的创新，如苹果公司的 iPhone、亚马逊的智能音箱等。在继承现有成果的

基础上创新，无论从实现角度来看还是从商业角度来看，都是非常不错的选择。企业充分利用现有产业成果，不仅可以节约资源投入，还可以加快创新成果的转化速度、控制创新的不确定性风险。

华为在发展早期作为行业追随者，特别强调产品创新中的继承性，甚至要求创新的部分不能超过 30%。也就是说，70% 以上的部分都要继承原有成果。任正非在 1999 年的创业与创新反思总结交流会上说："我们要继承前人的成功经验。只有继承，我们才能进一步发展，而不是先还没有继承，就想发展。"

## 2. 宽容失败

企业在创新过程中要避免两个极端：一个极端是对自身问题缺乏关注，总是犯同样的错误；另一个极端是过于谨小慎微，不能宽容失败。其实，上述两种做法都不利于创新。企业在创新的过程中会遇到各种问题，甚至遭遇失败。企业要充分理解什么样的失败是探索新事物过程中的必要尝试，什么样的失败是可以避免的。

创新有两种典型的场景，一种是在确定性领域进行创新，另一种是在非确定性领域进行创新。在非确定性领域进行创新是一个探索未知的过程，所以要更多地宽容失败；而在确定性领域进行创新可以避免很多已知的问题，因此不能总是犯同样的错误。

> 在创新问题上，我们要更多地宽容失败。宽容失败也要有具体的评价机制，不是所有的领域都允许大规模地宽容失败。因为你们是高端研究领域，所以我认为模糊区域更多。有一些区域并不是模糊的，因此不能允许他们乱来，比如说工程的承包等都是可以清晰量化的，做不好就说明管理能力低。但你们进入的是模糊区域，我们不知道它未来会是什么样子，会做成什么。
>
> ——任正非与 2012 实验室座谈的纪要，2012 年

### 3. 勇于打破既有优势并构建新的优势

外部的市场环境始终在不断变化，如果企业仍然沉浸于既有优势而无法快速响应外部变化，那么即使原来再优秀，也终究会被时代所淘汰。例如，诺基亚、柯达等曾经风光无限的企业一步步走向了衰落。企业要想避免类似的悲剧，就要勇于打破既有优势并构建新的优势。例如，腾讯作为社交领域的巨头，在移动互联网浪潮来袭之际没有固守在 PC 互联网，而是勇于打破既有优势并成功抢占了移动互联时代的一个制高点——移动即时通信（微信）。因此，企业凭借运气抓住历史性的机遇是有可能的，但保持卓越就不能只靠运气了。华为则通过把自我批判精神融入企业文化及日常经营来时刻正视问题并实现自我突破。

华为要通过自我否定、使用自我批判工具，勇于拥抱颠覆性创新，在充分发挥存量资产作用的基础上，不怕颠覆性创新砸了金饭碗。

我们的 2012 实验室，就是要使用批判的武器，对自己、对今天、对明天进行批判，以及对批判进行批判。他们不仅在研究适应颠覆性技术创新的道路，也在研究把今天的技术进行延续性创新并迎接明天的实现形式。

——任正非，《用乌龟精神，追上龙飞船》，2013 年

### 4. 保持战略定力

很多企业在不断地寻找行业的"风口"，并希望每次投入都能快速产生收益。但如果仔细分析成功企业，我们就会发现这些企业往往都在特定方向上做了长期投入与持续积累。任正非在 2016 年接受新华社专访时被问到华为成功的基因和秘诀是什么，他提到"坚持只做一件事"，即华为坚定不移地对准通信领域这个"城墙口"发起冲锋，并一直如此。任正非的说法正是华为内部所强调的"板凳要坐十年冷"的真实写照。当然，这也是对企业战略自信的考验，因为如果方向错了，坚持到底只会遭遇更大的失败。

突破是要有战略定力和耐性的。（有可能）十年、二十年没有突破，甚至一生都没有突破，一生都是世界备胎。

我们现在不是靠赌哪一种技术、哪一种方向，"赌博"某种路线是小公司才会干的，因为他们的投资不够。大公司有足够的资金，在主航道里多路径、多梯次地前进，通过投资密集型手段来缩短探索方向的时间。

在多重机会的作战过程中，可能某种机会成为业界的主潮流，战线变粗，其他战线会慢慢变细，但也不必关闭别的机会。把有经验的干部调到主线作战，把一批新干部调到支线作战，继续进攻。

——任正非，《福布斯独家专访任正非》，2015 年

## ◢◢◣ 本章小结

运气只能帮助企业获得一时的成功，却无法帮助企业持续成功。"以客户为中心，持续创新突破并成就客户"是优秀企业的共性。企业要想取得创新突破，就要树立正确的创新理念。华为在创新实践中沉淀了很多成功经验，其创新理念可以总结归纳为四个方面。

- 以正确的创新目的为指引：为客户创造价值并构建自身的核心竞争力。
- 关注创新的核心驱动力：客户需求与技术突破双轮驱动。
- 把握好创新的边界：业务聚焦，把握节奏，开放合作。
- 形成持续进化的能力：充分继承现有成果，宽容失败，勇于打破既有优势并构建新的优势，保持战略定力。

第 2 章

机会洞察：
**创新机会洞察的五大方向**

市场是动态变化的，变化中蕴藏着机会，也充满了挑战。市场变化对平庸的企业来说是失败的加速器，对优秀的企业来说则是实现突破的大好机会。那么，企业应该如何在变化的市场中发现创新机会呢？

有些人面对激烈的市场竞争可能会抱怨生不逢时，没赶上改革开放初期的黄金创业阶段，还错过了 PC 互联网的浪潮。但也有人因为看到了移动互联网浪潮之下不断崛起的新兴势力而兴奋不已。变化意味着机会，只要有变化，机会就会不断出现，优秀的企业家对市场机会具有天生的敏感性。

美国《大众机械师》杂志在 1975 年 1 月刊的封面上展示了第一台 PC——阿尔泰（Altair）。虽然这台 PC 只能执行非常少的任务，但是它预示着一个新时代的来临。比尔·盖茨（Bill Gates）和保罗·艾伦（Paul Allen）看了那一期杂志后，决定为阿尔泰开发配套软件，继而创立了微软。而乔布斯和斯蒂芬·沃兹尼亚克（Stephen Wozniak）也被这期杂志所吸引，沃兹尼亚克在阿尔泰的启发下设计了 Apple I，第二年他们共同创立了苹果公司。

在国内被称为"玻璃大王"的曹德旺同样对市场机会非常敏感，他从最初做水表玻璃跨越到做汽车玻璃也源于偶然。1984 年，曹德旺在武夷山景区为母亲买了一根拐杖。他拿着拐杖上车时，司机提醒他不要碰破汽车玻璃，因为汽车玻璃很贵（当时大概价值几千元）。正是司机不经意的提醒，让曹德旺决定开始认真研究汽车玻璃。通过调研，他意识到汽车玻璃这一领域利润丰厚，并最终下定决心进入汽车玻璃行业。

其实，每个行业在发展过程中总是会出现各种各样的机会，但很多企业缺乏发现机会的能力。那么，身处不同行业的企业应该如何洞察市场机会呢？总体来说，如果企业采用系统的分析方法，那么市场机会洞察必然涉及行业、客户、竞争和自身四个方面，这四个方面又包含诸多分析要素（见表 2-1）。

表 2-1　市场机会洞察中的关键分析要素

| 分析要素 | | | |
| --- | --- | --- | --- |
| 行业 | 客户 | 竞争 | 自身 |
| 宏观环境 | 客户识别 | 竞争格局 | 战略意图 |
| 产业链 | 战略与痛点 | 直接竞争对手 | 自身资源与能力 |
| 关键驱动力 | 客户偏好变化 | 新进入者 | — |
| 市场演化 | 客户满意度 | 替代品分析 | — |
| 颠覆性力量 | | | |

企业可以从行业、客户、竞争和自身四个方面持续洞察市场机会，进而逐步获得市场机会的全景图。接下来我们重点从五个具有代表性的方向分析如何洞察市场机会。

# 2.1　展望未来，顺应行业发展大势

大机会蕴藏于行业发展大势之中。那么，企业如何洞察行业发展大势并识别出那些潜力巨大且值得长期投入的大机会呢？这就涉及五个关键问题。

- 我们当前所处产业链的现状是什么？
- 有哪些关键驱动力在驱动着产业链发生变化？
- 这些关键驱动力是如何驱动产业链变化的？

- 未来可预见的产业链的状态会是什么？
- 与我们相关的机会与风险是什么？

**场景分析**　以汽车产业为例进行机会识别

　　为了帮助大家掌握分析方法，这里选择相对容易理解的汽车产业进行分析。随着我国城市化进程的不断推进及汽车保有量的逐年攀升，汽车的普及在方便人们出行的同时也带来了一系列问题，如交通拥堵、环境污染等。目前，国内已经有很多城市通过限购、限行等措施缓解交通压力，但这并没有从根本上解决问题。人们日益增长的出行需求与现实状况形成了较大的反差，整个行业及政府相关部门需要共同寻求新的交通解决方案。

　　我们从产业链、关键驱动力、机会与风险三个方面来看如何基于行业发展趋势洞察市场机会（见图 2-1）。下面的分析虽然无法涵盖所有要点，但这些对局部要点的解析可以帮助大家掌握结合产业链分析行业发展趋势的基本思路和方法。

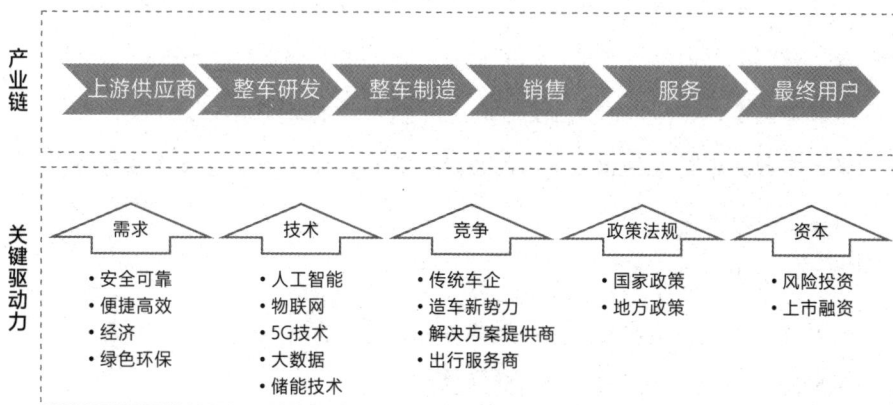

图 2-1　汽车产业链发展趋势分析

**（1）产业链分析**

汽车产业链的现状是什么？

要理解一个行业，首先要分析该行业现有产业链的各关键环节、主要参与者及产业链现状。在传统汽车产业链中，上游供应商为车企提供零部件，车企负责整车的研发和制造，并把新车交给经销商销售，经销商和金融机构等合作伙伴负责向最终客户提供售后及保险等服务。传统汽车产业链中各环节的分工相对清晰（见图2-1中的上半部分），但是随着汽车向智能化、电动化、网联化的方向演进，原有产业链的结构正在被重塑，同时各关键环节的价值也在发生流动。

在新的产业链结构中，科技类企业正通过人工智能、物联网、5G、大数据等技术赋能汽车产业的升级。传统车企并不擅长这些新技术，因此其在产业链中的主导权变弱，而新兴的科技类企业的影响力变强。例如，华为当前既可以为车企提供智能汽车解决方案，又可以利用自身在消费市场的资源和能力积累为新车营销提供助力。与此同时，华为还面向交通行业提供多场景的智能交通解决方案。这意味着，华为还可以从交通行业的维度影响汽车产业链。再如，百度在交通领域的业务布局也涉及多个方面，包括自动驾驶技术、智能交通解决方案及数字城市运营等。在汽车产业链结构中，原有的相对简单的产业链上下游关系已经变得相对复杂，有实力的大企业不满足于只做产业链中的一个环节，而是多点布局并希望主导相关生态的构建。不过，大市场也意味着更高的门槛、更激烈的竞争。

**（2）关键驱动力分析**

驱动着产业链发生变化的关键力量有哪些？这些驱动力是如何发挥作用的？

为了进一步理解正在发生及将要发生的变化，我们需要知道是什么力量在驱动着产业链发生变化。各行业的发展兴衰基本都会涉及五大驱动力——需求、技术、竞争、政策法规和资本（见图 2-1 中的下半部分）。

①**需求**。产业链不同环节的需求有明显的差异，相应的需求会驱动各个环节的发展。最终的用户需求是各个环节需求的源头，因为用户需求会在一定程度上向产业链上游传导。因此，这里重点基于最终的应用环节进行需求分析。当我们从城市交通的视角看产业链时，可以细化出个人用户、企业用户、城市管理者等角色；如果具体到场景，那么可以细化出载人场景、载货场景及特殊场景（如环卫、安防）等。综合各类场景，这里把主要需求概括为"安全可靠、便捷高效、经济、绿色环保"。当然，在具体的场景中，具体需求的内涵又会有所差异。例如，个人用户除了关注自动驾驶的安全性，还关注乘车体验，这就对汽车智能座舱在工作和娱乐等场景的表现提出了更高的智能化要求。企业用户则比较关注自动驾驶带来的低成本、高效率及员工的满意度。城市管理者也关注自动驾驶，但他们更关注城市整体的出行效率提升及安全事故减少等方面。而所有这些需求，最终都会体现在产业链相关环节的产品和服务的设计和迭代上。

②**技术**。传统燃油汽车的技术功底主要体现在发动机、变速箱和底盘等关键部件上。不过，随着智能电动汽车的兴起，汽车已经由原来单纯的机械硬件向"硬件＋软件＋服务"的形态转变。人们对汽车智能化的需求也在一定程度上超越了行业当前的技术能力。例如，人们对自动驾驶的需求相对明确，但是相应的技术实现依然面临诸多挑战。目前来看，自动驾驶有两条主要的技术路线，一条是单车智能，另一条是车路协同。

其中，单车智能是指通过汽车本身配置的多传感设备进行外部环境感知，然后由高性能车载计算单元作为大脑进行决策。单车智能的理念是让智能汽车感知一切，并训练汽车在各类场景中都能实现安全驾驶。

不过，这种自动驾驶技术路线在恶劣天气、物体遮挡等极端环境中存在较大的安全隐患。车路协同则通过增加汽车与路端智能感知及决策系统的交互协同来弥补单车感知的局限性，从而极大地提升自动驾驶的安全性。此外，车辆与路端基础设施之间的智能协同可以真正实现全局最优。当然，这必然会涉及基础设施建设的大规模投入。

智能电动汽车的发展涉及人工智能、物联网、信息通信、大数据、储能等多种技术。限于篇幅，这里仅做了局部的技术分析。至于相关技术将如何影响整个产业的发展走向，我们需要结合自身关注的重点环节进行更加深入全面的分析。

③ **竞争**。汽车市场规模数倍于手机市场，庞大的市场规模及智能汽车应用场景的巨大想象空间吸引了诸多实力强大的入局者，原有的行业格局正在被逐步打破。虽然在燃油汽车领域占据领先优势的日本、美国、欧洲企业纷纷进入新能源汽车领域，但其原有的核心竞争力无法全部移植到该领域。例如，燃油汽车的发动机技术在新能源汽车领域无用武之地，而电池、人工智能、物联网、信息通信等核心技术却是传统车企的薄弱环节。在新能源汽车市场中，既有较早入局的特斯拉，也有一批造车新势力（如蔚来、小鹏汽车、理想汽车等），还有在燃油汽车产业链中占据优势地位的传统整车厂商（如宝马、丰田、比亚迪等），更有为整个产业链提供智能汽车解决方案的企业（如华为、百度等）。其中，华为当前在智能汽车领域走了一条与车企共生共赢的道路。例如，华为同赛力斯深度合作并成功打造了中高端智慧汽车品牌 AITO。在这种合作方式下，华为除了对赛力斯进行技术赋能，还进行品牌和销售渠道赋能，实现了在帮助车企造好车的同时又帮助车企卖好车。华为、百度等科技巨头及互联网造车新势力的加入正在加速行业格局的重塑。虽然未来的市场格局仍存在较多的不确定性，但有一点可以确定：那些掌握核心技术及贴近市场并为最终用户提供极致服务的企业将有更多的机

会赢得一席之地。

④ **政策法规**。为了应对气候变化，很多国家都开始将推广清洁能源汽车作为未来的发展战略。我国已经提出了力争 2030 年前实现碳达峰，2060 年前实现碳中和的目标。也就是说，我国要在 2030 年实现二氧化碳排放量达到历史最高值（2030 年将成为我国二氧化碳排放量由增转降的历史拐点）。"双碳目标"必然会直接加速新能源汽车的推进速度。虽然各个国家计划禁售燃油汽车的具体时间不同（主要在 2030—2040 年这一区间），但燃油汽车将被逐步淘汰这一趋势已经难以逆转。当然，影响智能电动汽车行业发展的不仅是燃油汽车的禁售，还涉及智能电动汽车相关行业标准的制定及激励政策的落地执行等方面。例如，中央及地方政府对交通运输领域的整体发展规划、对自动驾驶技术发展和应用的指导意见、对新能源汽车的政策补贴等都会对该行业的发展产生较大的影响。

⑤ **资本**。智能电动汽车行业当前仍然属于发展初期，很多企业的相关业务目前主要靠外部资本或自身其他盈利业务的输血而发展。不过，由于整个汽车行业具有庞大的市场规模，智能电动汽车的应用场景依然有较大的拓展空间，所以整个行业对资本的吸引力依然很强。资本的进入将进一步推动该行业的快速发展。

**（3）机会与风险分析**

相关的机会与风险是什么？

智能电动汽车市场目前处于渗透率快速提升的阶段，随之而来的是整个产业链的重构，历史性的市场机遇已经出现。这种行业巨变很容易让人联想到手机行业从功能机到智能机的切换过程。从智能电动汽车的产业链来看，除了智能电动汽车本身，相关的市场机会还包括智能电动汽车所需的动力电池、自动驾驶技术、操作系统、摄像头、传感器、高精地图、芯片、云服务、基础设施智能化改造等，涵盖了产业链的上中下游。不过，对一家特定的企业而言，分析、判断机会时要综合考虑多个要素，具体方法请参考第 5 章的相关内容。

　　整个汽车产业的转变对传统燃油汽车产业链中各环节的既得利益者来说是巨大的挑战，因为它们在资源和能力上的积累将来有可能被归零。这就要求相关企业重新调整自身的定位并构建新的核心竞争力。

---

　　上面结合汽车产业链的发展，简要介绍了通过分析行业发展趋势看机会的基本方法。如果我们能够比竞争对手更早地看清行业发展趋势并在合适的时间进行布局，就更容易抢占先机。另外，一些重大事件在给一些行业的发展带来压力的同时也带来了新的机会，例如，新冠肺炎疫情加速了很多细分领域的发展（如疫苗、病毒检测、病毒防护等）。还有一些重大事件则体现了机会从量变向质变的转变。此时，我们更要透过事件本身看清其背后的市场机会。

### 案例　从人机大战结果中看到的人工智能机遇

　　2016 年 3 月，谷歌人工智能 AlphaGo 与围棋世界冠军、韩国棋手李世石进行"人机大战"，最终 AlphaGo 以 4∶1 的总比分获胜。大部分人仅仅将其视为人工智能取得进步的一个热点事件，而善于捕捉市场机会的人则会透过这一事件看到人工智能技术进步所带来的新机会，并思考自己能找到什么发展机会。

　　例如，小米团队在看完这场人机大战之后就在不同领域展开了关于人工智能如何在小米公司应用落地的讨论。最终，小米公司把人工智能上升为公司的两大战略之一（另一个是智能手机），并把智能音箱列为战略级产品。

---

## 2.2　理解市场演化，通过市场细分发现新机会

大市场孕育着大机会，但大市场中的竞争往往异常激烈，典型的例子包括笔记本电脑、智能手机、汽车及被大批量使用的电子元器件和建筑材料等。那么，企业如何才能在竞争激烈的大市场中发现新机会呢？这就要求企业能从需求变化和技术进步两个维度理解市场的基本演化规律。首先，需求变化会让市场发生进一步的细分；其次，技术进步会改善产品和服务的客户体验，从而扩大市场规模。例如，随着电池等关键技术的突破和电动汽车的持续迭代，最初对电动汽车持观望甚至怀疑态度的一部分消费者开始把电动汽车作为首选。

为了帮助大家更好地理解市场演化所带来的机会，这里用一个市场演化模型进行说明（见图 2-2）。

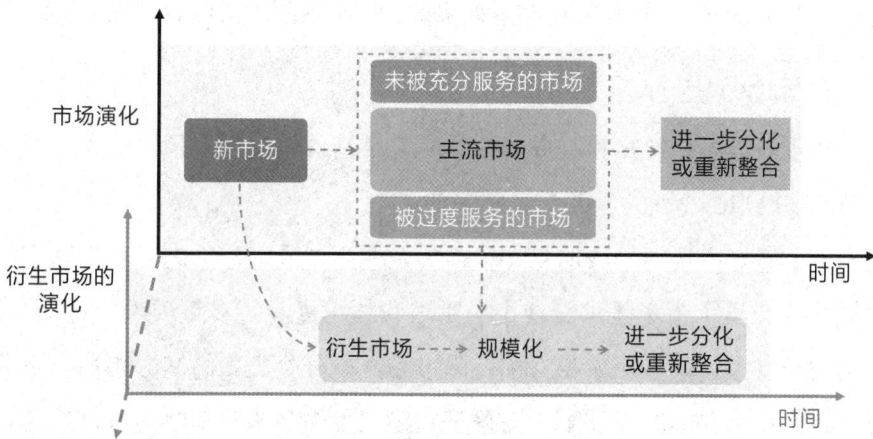

图 2-2　市场演化模型

从演化过程来看，市场一般都会经历从无到有、从小到大、从单一到多样化（甚至到被重新整合）的过程。图 2-2 涉及五种类型的细分市场，分别是新市场、主流市场、被过度服务的市场、未被充分服务的市场和衍生

市场（可进一步细分）。需要特别说明的是，这些市场都是相对的概念，关键要看哪种定义更有利于分析相应的市场机会。例如，我们可以把手机市场定义为新市场（分析的起点），也可以把智能手机定义为新市场。显然，前一种定义方式可以帮助我们从宏观的视角了解手机市场的演化过程，后一种定义方式则有利于我们深入分析智能手机市场的演化细节。

## 1. 新市场出现

这里用新市场表示市场分析的起点。在需求变化、技术进步、政策法规等相关要素的共同作用下，总会有新市场出现。在手机诞生之前，人们只能靠车载移动台延伸固定电话的覆盖范围。在这种情况下，在任何时间、任何地点都能进行无障碍通话就成了很多人更高的追求。持续的技术进步使通信终端设备的体积和功耗都得以大幅度改善。后来，摩托罗拉推出了全球第一部移动电话，手机市场就此诞生。之后，手机产品不断发展，苹果公司在 2007 年发布第一款 iPhone 手机，这是智能手机市场的真正开端。

## 2. 市场分化

随着新市场中产品和服务的持续完善，其价值被更多用户认可，相应的市场规模则由小变大，并开始进一步分化。

由于看好市场的发展前景，更多的企业开始进入，这进一步推动了技术进步并激发了市场需求。在市场需求和技术进步等多重因素的推动下，市场规模变大，并且原来相对单一的市场开始分化出新的细分市场。苹果公司正式发布 iPhone 手机后，谷歌公司随后发布了为移动终端打造的开放系统——安卓。安卓的出现加速了智能手机市场的分化，三星、华为、小米等诸多品牌加入安卓阵营，智能手机市场也因此快速增长并走向多样化。当前，除了日常工作生活场景中使用的常规智能手机，还有户外运动场景中使用的三防（防尘、防震、防水）智能手机。即便是常规的智能手机，也可以根据不同的应用场景（如商务办公、摄影美颜、游戏娱乐等）或价格区间进行多种市场细分。

市场分化后通常有三类典型市场。

（1）主流市场

主流市场是一个相对的概念。这里用主流市场表示规模占主导地位的市场，该市场覆盖了主流客户和主流产品。例如，比起专注于户外运动场景的三防智能手机市场，专注于日常工作生活场景的智能手机市场是主流市场。

（2）未被充分服务的市场

这类市场中明显存在关键需求未被满足的情况，也就是主流产品已经无法满足相应客户群体的某些关键需求。同时，这类市场中的客户群体愿意为更好的产品支付溢价。例如，相比主流市场，三防智能手机市场就属于未被充分服务的市场。

（3）被过度服务的市场

在这类市场中，主流产品的某些功能特性已经明显超出相应客户群体的实际需要，导致客户群体被迫接受不必要的功能特性和高价格。这时，提供简单且具有更高性价比的产品往往是一种有效的策略。例如，华为和小米公司都针对价格敏感的手机市场推出了相应的子品牌。

### 3. 衍生市场

除了上述市场类型，还有一类市场是衍生市场。衍生市场并不是独立存在的，而是依托于其他市场而存在的。例如，智能终端产品的玻璃屏幕就是智能终端产品的衍生市场。在 iPhone 手机诞生之前，康宁的大猩猩玻璃技术已经被尘封多年，iPhone 手机的兴起迅速带动了玻璃屏幕的盛行。智能手机的玻璃屏幕市场只不过是冰山一角，智能手机的诞生催生了从特定零部件到第三方应用程序等诸多的衍生市场，而且其规模及发展潜力非常具有吸引力。

## 4.市场整合

虽然大部分市场会不断地分化，但是发展到一定程度时也可能被整合。例如，目前的智能手机市场已经在很大程度上整合了 MP3 市场、数码相机市场和游戏机市场。当然，这些被部分整合的细分市场仍会长时间存在，但主流需求已经被转移，并由大市场演化成小市场。

上述是市场演化的一般规律。市场演化的真实场景肯定比上面描述的更为复杂。不过，上述分析方法可以帮助我们理解复杂的市场演化背后的基本规律。

结合市场演化的基本规律，我们可以看到两类机会：一类机会在主流市场，其一般特点是市场规模大但竞争也相对激烈；另一类机会在细分市场，如果企业在主流市场突围比较困难，那么切入新的细分市场也许是一个很好的策略。

下面看一个 PC 行业的案例。

---

**案例** 在细分市场中找新机会

根据知名市场研究机构高德纳（Gartner）于 2014 年年初发布的报告，2013 年全球 PC（包括台式计算机和笔记本电脑）的出货量为 3.16 亿台，同比下降 10%。这个结果让从业者感受到了行业寒冬的到来。不过，正是在 2014 年，因看好面向电竞游戏的笔记本电脑这一细分市场，青岛雷神科技创立。青岛雷神科技的主要业务涵盖了游戏笔记本等电竞全场景硬件的设计、研发和销售，其营收在 2020 年和 2021 年分别达到了 22 亿元和 26 亿元人民币。

试想，如果这家初创企业当时选择的是主流笔记本电脑市场，会是何种结局？一家实力比较弱的企业进入联想、惠普、戴尔等知名品牌的优势领域进行竞争，很可能刚起步就会失败。青岛雷神科技通过选择新的细分市场，避开了主流市场的激烈竞争并在细分市场中赢得了一席之地。我们现在难以预测青岛雷神科技未来的发展如何，但至少看到了其阶段性的成功。

## 2.3　聚焦客户体验，关注行业痛点

行业在发展过程中总会遇到各种挑战，而挑战中蕴含着创新机会。行业所面临的特定挑战既可能在需求端，也可能在供给端，或者兼而有之。当这些挑战严重阻碍了行业发展时，就形成了行业痛点。对于那些长期难以解决的行业痛点，更好的解决方案就意味着机会；而当行业痛点被忽视时，如何打破惯性思维并把行业痛点找出来就是关键所在。

我们可以从外部客户和内部运营两个角度思考如何识别创新机会。

### 1. 从客户的角度看客户体验问题

无论产品还是服务，其成功与否最终都要通过市场来检验。这就涉及如何基于客户的业务场景理解客户体验并识别痛点。如果行业内的产品和服务存在明显的客户体验瓶颈，那么更好的解决方案就意味着发展机遇（如果希望了解如何基于客户体验进行机会识别的细节，请参考第 3 章的相关内容）。例如，相比 4G，5G 在高速率、低时延方面有明显的优势，但 5G 通信网络部署也有一个明显的短板，那就是 5G 基站的能耗明显高于 4G 基站。如何降低 5G 基站能耗是当前通信设备厂家及运营商面临的关键问题之一，这便是需要通过持续创新解决的行业痛点。哪家企业能提供更好的解决方案，哪家企业就能赢得市场的青睐。

**案例** 华为 SingleRAN 解决方案的突围之道

2007 年，3G 网络已得到广泛部署，4G 商用也箭在弦上。不过，在 3G 通信技术已经成为主流的时候，还有一部分人仍然在使用 2G 手机。因此，电信运营商只能让两种网络（2G、3G）并存；后续进一步部署 4G 网络时，则需要三种网络（2G、3G、4G）并存，这会给电信运营商带来高昂的网络建设及维护成本。与此同时，互联网 OTT 业务的兴起在一定程度上影响了电信运营商的语音业务营收。诸多因素让电信运营商饱受煎熬，此时，如何降低电信运营商的建网和运营成本就成了关键问题。

华为瞄准客户的业务痛点，推出了 SingleRAN 解决方案（2G、3G、4G 基站合一），帮助客户大幅度降低了建站成本。SingleRAN 解决方案可以实现一个基站同时支持 2G、3G 和 4G，帮助客户既避免了重复建设问题又降低了维护成本。2008 年，华为与德国电信运营商签署了首个 SingleRAN 订单合同。从此，华为凭借在无线通信领域明显的技术优势，取得了在欧洲市场的一系列重大突破。

## 2. 从内部运营的角度看成本效率问题

从内部运营的角度看，行业发展会存在诸多瓶颈。不过，有时即使某些行业的运作效率低下并影响了行业发展，业内人士往往也束手无策甚至习以为常，此时则需要"外行人"去发现并解决问题。

我们先看一个电力相关行业的例子。以电力的发明和广泛应用为标志的第二次工业革命极大地推动了社会生产力的进步。目前的发电方式有很多种，包括风力发电、太阳能发电、火力发电、水力发电及基于其他能源的发电方式。这些发电方式都可以为客户提供电力供应，彼此之间的竞争集中在两个方面：一个方面是每一度电的成本（电力行业用的专业术语是

"度电成本"），另一个方面是对环境的友好性。例如，火力发电虽然在度电成本上具有竞争力并且是当前主要的发电方式，但其对环境产生的污染相对严重，这就导致其未来发展前景受限。可再生能源发电越来越受到重视，但依然存在各种瓶颈。例如，风力发电既要解决度电成本高的问题，也要考虑风资源限制的问题，还要关注对环境的影响（如风机的噪声干扰及风机对鸟类生存的威胁等）。因此，当深入分析各种发电方式时，就会发现各细分行业自身的一些关键发展瓶颈，而这些瓶颈意味着改进的机会。

下面看一个零售行业的例子。

**案例** **眼镜零售行业的低效率运营**

眼镜零售行业经常被称为暴利行业，但单品的高毛利并不等于行业整体的暴利。眼镜零售行业是典型的高成本、低效率。博士眼镜的招股说明书及年报数据显示，其线下产品的总体毛利率高达约 70%，但净利润率只能达到约 10%。为何眼镜零售行业的产品毛利很高但净利润却表现平平呢？其中的关键原因之一就是客户的消费是低频行为且需要定制化服务（如配近视镜这类典型场景），同时线下门店租金及人工费用占比较高，导致店面总体坪效较低、盈利水平不高。因此，高毛利并不代表高利润。

由此可见，眼镜零售行业的瓶颈相对明显，什么样的解决方案才能应对当前的挑战呢？美国有一家以眼镜电商起家的企业叫 Warby Parker，其核心业务是眼镜的设计研发及营销（该企业选择将生产外包），目前采用电商与线下实体店相结合的销售模式，而且已经上市。不过，当前 Warby Parker 的盈利情况并不乐观。也许未来某个创业团队最终会探索出一种高效的业务模式，从而解决困扰眼镜零售行业的难题。

## 2.4 关注竞争，从对标学习到重塑游戏规则

在特定条件下，一家企业可能只关注客户就可以获得成功。但是，在大多数情况下，企业需要同时关注竞争。这是因为，只要有可能被竞争对手超越，企业就不得不面对一个问题："客户为何一定要选择我们而非竞争对手？"关注竞争对手，除了可以刺激企业突破现状，还可以引导企业进行创新。从竞争的角度发现创新机会，可以有两个方向：一个方向是通过对标进行创造性模仿，让成功者的经验为我所用；另一个方向是规避竞争对手锋芒，另辟蹊径，重塑游戏规则。

### 1. 通过对标成功者的经验进行创造性模仿

说到创造性模仿，很多人会联想到抄袭，甚至把创造性模仿等同于抄袭。因此，把创造性模仿作为创新的一个选项是很多人难以接受的。其实，对跟随者来说，创造性模仿是一种相对有效的创新途径。从创新的目的来说，我们不应该纠结于是否要模仿竞争对手，而是要思考如何在符合行业规则的前提下实现创造性的突破，而非简单的复制。创造性模仿的本质是在继承现有成果的基础上进行改良，通过站在巨人的肩膀上充分吸收已有优秀成果，进而少走弯路。

---

**案例** 瓦特站在巨人肩膀上对蒸汽机进行了成功改良

说到蒸汽机，我们肯定会想到英国发明家詹姆斯·瓦特（James Watt）。不过，瓦特并不是原创性地发明了蒸汽机，而是在托马斯·纽科门（Thomas Newcomen）所发明的纽科门蒸汽机基础上做了一系列的重要改良，这些改良主要体现在三个方面。

首先，瓦特设计了一个与汽缸分离的冷凝器，把水蒸气导出汽缸外冷却，从而显著地提高了蒸汽机的热效率。

其次，瓦特发明了齿轮联动装置，把蒸汽机活塞的直线运动变为轮轴旋转的圆周运动，让蒸汽机可以更高效地带动其他机器工作，进而扩展了蒸汽机的应用范围。

最后，瓦特发明了带有双向装置的高压汽缸，让蒸汽机的效率得到了飞跃式的提升。

这些重要改良大幅度提升了蒸汽机的效率，并加速了人类工业文明的发展进程。试想，如果瓦特不是在继承他人成果的基础上进行改良，而是过于强调原创性并从头开始，结果会怎么样？

---

创造性模仿在互联网行业尤为普遍。1994 年，互联网正式进入我国。在之后的几年里，国内知名的互联网企业接连诞生。例如，1997 年网易成立，1998 年搜狐、腾讯、新浪成立，1999 年阿里巴巴成立，2000 年百度成立。这些企业在一定程度上都有国外同行的影子。其中，比较典型的例子是腾讯早期的产品 QQ 和现在的重要产品微信。腾讯在开发 QQ 时模仿了国外的同类产品 ICQ，后来又借鉴了韩国社交网站 SayClub 的虚拟服饰收费模式，才从根本上解决了盈利问题。腾讯能够在国内同类产品的激烈竞争中活下来，当然并不是仅仅靠模仿，而是在模仿的同时充分发挥了自身的创造性。被 QQ 模仿的 ICQ 和 SayClub 目前虽然还在，但是 QQ 早已实现了对它们的超越。移动互联时代的即时通信先锋 Kik Messenger 由于无法应对市场竞争在 2019 年关闭，而微信却帮助腾讯从 PC 互联网时代成功跨入了移动互联网时代。在我国互联网行业的早期发展阶段，从业者主要思考如何把国外的模式复制进来，而随着我国移动互联网行业的快速发展，也有很多人在思考如何把国内的成功模式复制出去。

创造性模仿并非仅仅发生在互联网行业，在制造业同样常见。当然，这不是国内特有的现象，而是在全球都比较普遍的现象。

互联网与制造业的深度结合为制造业开辟了一条新的发展路径。那么，国外有没有一些典型的模式创新案例可供国内企业参照呢？下面看一下米思米（MISUMI）的工业电商平台模式。

---

**案例**　工业电商平台米思米

米思米于 1963 年在日本创立，创立初期是销售工业零部件的贸易公司，目前已经发展为工业零部件领域的龙头企业。2021 年，米思米在全球市场实现营收近 200 亿元人民币。米思米所采用的模式主要有两个特点。

（1）对非标零部件进行标准化

零部件采购行业的特征是多品类的零散订单较多，而且非标定制属性明显。米思米则将原本作为定制品的零部件加以标准化，提供种类丰富的产品。这里所说的"标准化"是有一定的灵活度的，米思米为客户提供可选择的参数范围，从而在标准化和定制化之间取得平衡。客户可以从产品目录中选择不同形状、材质、尺寸、公差的零部件进行订购，而不必再浪费时间画复杂的零件图。如果客户需要，米思米也提供可下载的 CAD 文件，从而帮助客户缩短设计时间。

（2）快速、准确地交付高质量产品

米思米通过在世界各地进行生产布局，可以快速、准确地向客户提供高质量产品，交货期严守率高达 99.96%（对应当地产品目录上承诺的交货期）。针对客户提出的短交货期生产要求，米思米可以做到库存品隔日发货、制作品最快第三天发货。

---

我国制造业在全球占有举足轻重的地位，同时我国制造业市场也是全球范围内竞争最激烈的市场之一。通过对标国际龙头米思米，国内已经出

现了怡合达、工品汇、蚂蚁工场等多家采用同类模式的企业。虽然未来几年工业电商领域会不断洗牌，但是米思米的成功模式确实为国内企业做出了示范。

企业进行创造性模仿必定涉及选择谁当标杆的问题。一般来讲，标杆主要有两类：一类是同行业领导者，即上面所举例子中的企业；另一类是跨行业的优秀实践者。在行业内部竞争激烈的情况下，大家都在学习同行的成功经验，所以跨界学习很有必要。例如，雷军对外多次提到小米跨界学习的标杆，包括同仁堂（货真价实）、海底捞（超预期口碑）、开市客（Costco）和沃尔玛（高效运作）等。当然，小米学习的对象还有苹果公司等优秀的同行企业。雷军融合诸多成功者的经验，最终塑造出了小米模式。华为对标杆的定义则更为广泛，既会向全球顶级的咨询公司学习，也会学习军队的高效组织运作方式，当然也少不了向业界标杆学习。

### 2. 规避对手锋芒，另辟蹊径重塑游戏规则

如果竞争对手也看到了同样的战略机会，那么我们应该如何应对，全力以赴地投入还是尽力避开竞争？遇到这种情况时，要具体问题具体分析。

下面以移动互联网时代的社交软件之争为例进行分析。

**案例**　从移动社交软件之争看竞争

2007 年以后，智能手机逐步普及，此时也是从 PC 互联网到移动互联网的切换期，因此出现了很多创新的机会。移动社交就是其中的一个重要机会，哪家企业抓住了这一机会，就可以占据移动互联网时代的一个流量制高点。2010 年 10 月，国外一款名为 Kik Messenger 的移动社交软件在手机应用市场上线并迅速吸引了众多用户。国内的小米公司很快跟进，于 2010 年 12 月率先推出同类产品——米聊。腾讯紧随其后，于 2011 年 1 月推出微信。虽然米聊早于微信入局，但腾讯拥有庞大的

用户基础，所以米聊在取得非常短暂的领先后就持续落后于微信。

在巨大的市场机会的吸引下，阿里巴巴于 2013 年 9 月推出来往。虽然阿里巴巴财力雄厚，但毕竟来往入局比微信晚了 2 年多，再加上腾讯本身就在社交领域有长期积累，所以来往从诞生开始就注定在打一场打不赢的战争。

最后的结果是，微信在国内市场一家独大，来往和米聊先后退场（米聊于 2021 年 2 月正式停止服务）。

来往失败后，项目团队的部分成员开始转变方向，进军企业办公领域。当时，国内企业面临 IT 支撑严重不足、办公协同效率低下的问题。基于这一机会，来往项目团队的部分成员开始打造企业移动办公应用——钉钉。钉钉专注于提升国内企业的办公协同效率，并于 2014 年 12 月发布了第一个版本。2021 年 10 月，钉钉官方公布了一组数据：用户突破 5 亿，组织数量达到 1 900 万，钉应用数量达到 150 万。这意味着，钉钉成了国内名副其实的领先的智能移动办公平台。目前，钉钉已经成为阿里巴巴深度参与企业数字化转型的关键平台。

---

从上面的案例可以看出，移动社交领域出现市场机会后，小米公司虽然有一定的先发优势，但是较短的领先时间难以帮助其确立市场领导地位，因此采用相同的模式与同一领域内的强者直接竞争自然就凶多吉少。对腾讯来讲，移动社交软件是其战略机会，无论如何都要全力以赴打赢这一仗，而且腾讯确实有这样的资源和能力优势。阿里巴巴虽然总体实力雄厚，但在来往项目上有两大劣势：一是缺少社交基因，二是介入时机较晚。因此，对阿里巴巴来说，来往这个项目并不是一个好的选择。阿里巴巴从来往转战钉钉则是开辟了新的市场，虽然在初期面临众多未知的挑战，但最终还是克服了重重困难并取得了成功。

　　回到之前的问题：如果竞争对手也看到同样的战略机会，那么我们应该如何应对，全力以赴地投入还是尽力避开竞争？

　　其实，通过分析移动社交软件这个案例，这个问题的答案已经比较清晰了。这里简单总结一下：面对同样的战略机会，领域内的强者具有资源和能力优势，只要勇于突破现状，就有很大概率战胜竞争对手；而不占优势的一方最好避开与强者的直接竞争，即采用差异化的竞争策略，而这正是大家常说的"与其更好，不如不同"。

　　既然差异化是面对强者时的生存之道，那么企业应该如何实现差异化呢？通常有两种典型的路径。

- 避开与强者的直接竞争，通过探索新市场获取先发优势。这种方式比较容易理解，以钉钉项目为例，阿里巴巴就避开了腾讯擅长的领域。
- 重新定义客户核心需求，用新的商业模式开展竞争。如果企业在众所周知的客户需求方向上难以取得创新突破，就有必要重新思考对客户来说什么是应该被重点关注却未被市场真正重视的。当然，挑战在于重新理解客户，并发现被忽视的关键需求。

---

**案例**　今日头条的突围

　　今日头条成立于 2012 年，在当时的新闻客户端领域，大的市场格局是腾讯、搜狐和网易三强争霸。为什么张一鸣当时可以带领今日头条团队杀出重围呢？关键原因之一是他发现了被主流市场忽视的需求。

　　当时，该领域的普遍认知是用户需要海量、及时、准确的新闻内容。但张一鸣对此有不同的见解，他认为在信息爆炸的大背景下，用户面临的主要挑战已经不单纯是有没有优质内容，而是如何方便地找到自己真正感兴趣的优质内容。当同行还在忙于如何提供更丰富的内容时，今日头条团队则忙于如何向用户个性化地推荐其真正感兴趣的内容。正是因为更懂客户，今日头条才得以快速爆发，并为字节跳动今天的市场地位奠定了基础。

---

## 2.5　立足自身，充分发挥自身的资源和能力优势

前面介绍的思考方向侧重于由外而内，即从外部市场看机会，然后牵引内部的资源和能力。这里的资源和能力包括技术、品牌、客户资源、人才队伍等。创新的失败概率很高，因为面临诸多不确定性，其中包括资源和能力与市场机会的匹配度问题。如果我们由内而外看机会，就可以充分发挥自身现有的资源和能力优势。不过，需要注意的是，这里所说的由内而外看机会也有一定的前提，那就是关注市场需求，而不是以企业自身为中心。

> **案例**　日本富士胶片的成功转型
>
> 外部环境的巨变可能会给企业带来灾难性的结果，20多年前以胶卷及相关产品为主营业务的日本富士胶片就面临这样的挑战。2000年，全球市场对彩色胶卷的需求达到顶峰。当时，彩色胶卷相关业务占富士胶片总营业额的60%，利润占比则达到了2/3。之后，数码技术开始真正冲击胶卷业务，彩色胶卷相关业务开始以每年20% ~ 30%的幅度萎缩，这导致富士胶片曾经利润丰厚的业务在短短四五年内就陷入亏损。面对经营困局，时任富士胶片首席执行官（Chief Excutive Officer，CEO）古森重隆制定了三大经营战略：一是推动数码技术的自主研发，二是提升

感光材料项目的生命力，三是开拓新的业务领域。

至于要开拓什么样的业务领域，其实古森重隆早有准备。他早在就任 CEO 之前就要求内部团队梳理公司所掌握的核心技术及与之对应的市场机会，其总体逻辑如图 2-3 所示。

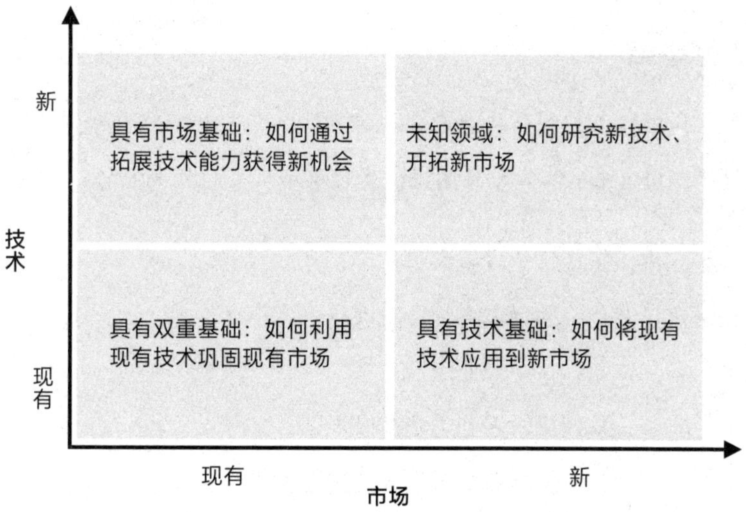

图 2-3　基于技术视角的市场机会识别矩阵

经过内部的分析讨论，公司最终选定了六大行业板块——数码影像、光学元器件、高性能材料、印刷系统、文件处理和医疗生命科学。各板块中的很多新业务都是基于当时公司已有技术所做的进一步延伸，如隶属于医疗生命科学板块的化妆品业务。化妆品看似与原有业务没有什么关联，但其实技术关联密切。因为胶卷和化妆品都涉及胶原蛋白及抗氧化技术，而公司在研究胶卷技术的过程中已经深入掌握了胶原蛋白的相关原理，并且在抗氧化技术方面也有相关积累。

最终，在古森重隆的领导下，富士胶片成功实现业务转型，而胶卷行业曾经的领导者柯达却在 2012 年申请了破产保护。

企业如果想充分发挥现有的资源和能力优势，就可以结合图 2-3 所示的思路来寻找新的机会点。一般来讲，企业既要重点关注"现有技术在新市场的应用"这类新机会，也要重点关注"新技术在现有市场的应用"这类新机会。

## ◢◢◢ 本章小结

对企业来说，虽然创新机会是客观存在的，但首要难点是如何把这些创新机会有效地识别出来。本章重点阐述了发现市场机会的五大方向：

- 展望未来，顺应行业发展大势；

- 理解市场演化，通过市场细分发现新机会；

- 聚焦客户体验，关注行业痛点；

- 关注竞争，从对标学习到重塑游戏规则；

- 立足自身，充分发挥自身的资源和能力优势。

我们可以把这五大方向理解为发现创新机会的五个不同视角，它们之间并不是完全独立的，有时不同的视角会指向同一个市场机会，正所谓"条条大路通罗马"。例如，我们对人工智能领域市场机会的洞察，既可能由棋手与 AlphaGo 的"人机大战"、亚马逊发布 Echo 智能音箱等外部事件触发，也可能由客户的业务痛点触发，还可能由内部尝试的一个创新项目触发。

# 第 3 章

# 产品创新：
# 从需求到构想

有些企业会把创新力不足的问题归因为创意不足。实际上，激发创意仅仅是创新过程中的局部工作，而且脱离了客户需求的创意会让创新失去价值。第 2 章从相对宏观的视角探讨了如何识别创新机会，本章将深入阐述如何洞察客户需求并形成产品创新构想。

# 3.1　为何绝大多数产品注定平庸

虽然各行各业涌现出来的创新让人备受鼓舞，但真正在自己企业内部进行创新实践时往往困难重重。下面通过一个真实案例看看企业在创新过程中会遇到哪些挑战。这家企业想通过积极推进产品创新提升产品竞争力，但无奈陷入自顾不暇的恶性循环当中难以自拔。

| 案例 | 难以取得突破的产品创新 |

　　一家在细分行业内处于领导者地位的特种车辆企业前一年刚好赶上市场需求爆发，因此当年业绩有了接近翻倍的提升。但是，即便企业的业绩十分出色，其管理者心中仍然充满了焦虑。深入接触后，我发现该企业表面繁荣的背后有多重业务挑战。

- 虽然在细分市场做到了份额第一，但是行业内产品同质化严重。
- 市场拓展无序，销售项目缺乏控制，过于被动地响应市场需求，导致定制化开发项目较多。
- 研发资源被无序的定制化开发项目所耗散，导致计划中的产品开发节奏被严重打乱，产品创新项目受到严重干扰。
- 行业发展具有周期性，当年遇到行业发展的波峰，第二年可能就会遭遇行业发展的低谷。

---

上面这个案例具有一定的代表性，从中我们可以看出组织能力的重要性。下面对这一典型情况做进一步的分析。

（1）企业每年都面临营收业绩压力，这种压力容易让团队过于关注短期业绩的提升。

- 销售部门最直接地承担了营收业绩目标的压力。为了实现目标，销售团队寄希望于通过广撒网的方式寻找项目线索，从而找到更多的项目机会。
- 营收业绩目标的压力传导到研发领域时，研发部门希望通过推出更多的新产品来提升营收，但问题是研发资源又存在较大的缺口。

（2）为了实现营收业绩目标，销售团队往往遇到机会就想抓住（包括与现有产品匹配度不高的项目），同时会针对目前没有的产品推动研发部门进行定制化开发。这会让工作量已经饱和的研发团队在资源方面雪上加霜，规划中的产品组合被进一步打乱。

（3）接着会出现两大问题。

- 销售团队想抓住各种机会，这会导致关键销售项目的投入无法得到有效保障，具体表现包括项目介入过晚、资源投入不足、过程管理不善等。

最终，资源被分散到了很多成功率很低的销售项目中，而原本把握度很高的销售项目因资源投入不足等原因而出现了明显的丢单问题。

- 研发项目的资源投入不足且周期紧张，导致产品质量问题频发且竞争力不强。新产品上市后，企业还要投入很多资源解决各种售后问题。这不仅影响了企业的口碑，还浪费了非常多的资源。

（4）缺乏市场竞争力的产品进一步增加了销售的难度。

（5）营收业绩目标未能实现，新产品的销量很低，新产品的投入产出比远不及预期。

（6）营收业绩不及预期及较低的人均产出使研发团队与销售团队之间的矛盾逐步加深。

（7）最终，企业陷入经营困境却难以自拔。现实与目标的差距进一步加剧了企业的焦虑，企业开始压缩日常开支，并减少了对前瞻性业务的资源投入。

基于上述分析，我们可以归纳出图 3-1 所示的逻辑。

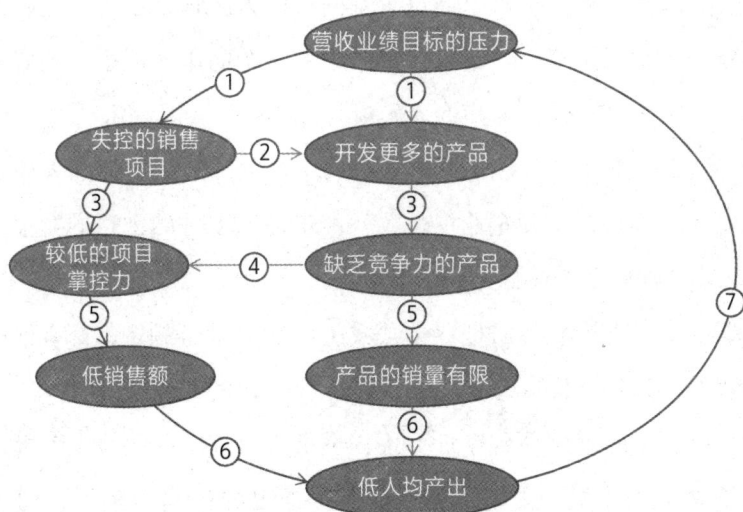

图 3-1 企业陷入经营困境的恶性循环而难以自拔

企业如何才能跳出这样的恶性循环呢？一般来说，企业应通过业务聚焦找到突破口，同时对产品和市场进行适度聚焦。只要开发出一些有竞争力的产品，或者实现了在高价值市场的突破，企业就有机会进入良性循环。当然，这个过程也是对企业整体组织能力的一次考验。

# 3.2 两条典型的创新路径：持续迭代与重新定义

为了避免创新偏离正轨，我们先思考一个基本且重要的问题：什么样的创新是好的创新？

很多人觉得这个问题很简单，但是突然被问到时又发现要讲清楚并没有想象的那么容易。我们可以先回顾一下工作和生活中有哪些产品的出现曾让我们为之赞叹。就拿办公楼的门禁系统来说，早期需要刷卡才能通过大堂闸机，后来一步步升级为人脸识别。再后来由于新冠疫情的影响，戴口罩成了大家的日常习惯，每次摘口罩进行人脸识别非常不便。突然有一天，我们发现戴口罩同样可以通过大堂闸机的人脸识别系统，这确实让人感到惊喜。上面只是我们日常工作场景中的一个简单的例子，类似的例子还有很多，如移动支付、共享出行等。

对于什么是好的创新，不同的人会有不同的表述，但标准大体是一致的。只要综合客户视角和企业视角，就不难提炼出好的创新的特征——明显提升了客户体验及企业自身的竞争力。

放眼各个行业，无论 B2C 业务领域还是 B2B 业务领域，都有很多优秀的创新实例，如苹果公司的 iPhone 手机、亚马逊的 Echo 智能音箱、GoPro 的运动相机、新闻聚合平台今日头条、小米公司的极致性价比手机、大疆创新的消费级无人机、由苹果公司前员工推出的 Nest 恒温器、用于消化道检查的胶囊内镜、华为面向运营商市场推出的 SingleRAN 解决方案、亚马逊引领的云服务、英特尔在 PC 市场持续领先的中央处理器（Central Processing Unit，CPU）、哈德洛克（HARDLOCK）的防松动螺母、因智能手机而受到关注的康宁大猩猩玻璃等。

当我们深入分析成功的创新典范时，就会发现创新有两条典型路径。

- 路径 1：**持续迭代**，追求极致的客户体验。
- 路径 2：**重新定义**，探求终极解决方案。

基于上述两条路径及 B2B 和 B2C 两种业务类型，我们可以对之前提到的一系列创新实例进行分类，如图 3-2 所示。

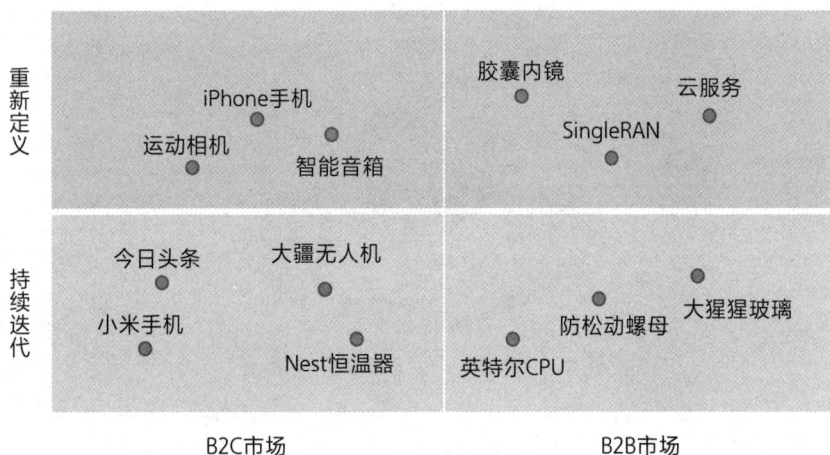

图 3-2　基于路径对创新进行的分类

## 3.2.1　路径 1：持续迭代，追求极致的客户体验

绝大多数企业都选择走持续迭代的创新路径，这条路径是企业创新的常态选择。即使是苹果公司这样创新力非凡的企业，开创性的产品创新也不是每年都会发生。例如，第一代 iPod、iPhone、iPad 发布后，后续版本都

是在第一代产品基础上的持续迭代。当整个市场都在进行持续迭代时，市场竞争会变得异常激烈。高起点可以帮助企业赢得一定的先发优势，但是在竞争中除了要关注起点的高低，还要关注进步速度的快慢。行业领导者要通过持续的自我突破保持领先优势，以避开激烈的竞争；跟随者则可以采用创造性模仿的策略，通过持续提升积蓄力量，最终实现对领导者的超越；那些起点低、进步相对慢的企业则有很大概率被市场淘汰。

企业如何更有效地进行持续迭代式创新呢？要点有三个，如图 3-3 所示。

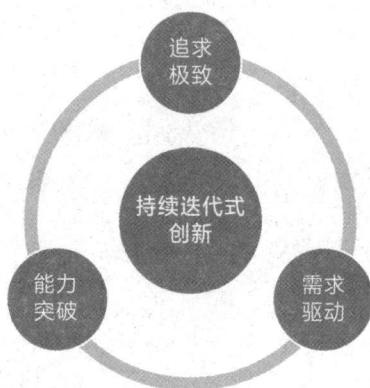

图 3-3　持续迭代式创新的三个要点

## 1. 追求极致

企业都希望为客户提供极致体验，但是在各种条件的约束下会发现极致体验这件事说起来简单，实现起来却很难。各家企业都在持续迭代自己的产品，为什么有些企业能够持续领先于市场，而有些企业却无法打动客户呢？最主要的差别往往在于企业对待产品的态度：如果只盯着自己的营收业绩目标，就难以做出优秀的产品；如果把极致的客户体验放在首位，就更有可能做出让客户感到惊艳的产品。面对激烈的竞争，如果没有追求极致的心态就很难做好产品。例如，小米公司为了给消费者提供极致性价比的体验，贴近成本给硬件产品定价，以此倒逼自己全力以赴。

## 2. 需求驱动

动态深入地理解客户需求并驱动产品的持续迭代是最直接、最有效的创新路径。但是，这时企业面临的首要考验是识别高价值客户需求，包括获取和分析。获取高价值客户需求的关键之一是找到对产品有深刻见解的核心用户（也可能是行业专家等）。核心用户是相关产品的重度用户，对产品的要求更加专业、苛刻。例如，小米公司在发展早期通过网络论坛汇集了 100 名手机"发烧友"作为核心用户，通过与这些核心用户的积极互动获取了很多有价值的客户需求，最终使 MIUI 系统大获成功。因此，对于相对成熟的产品，企业首先要想办法把现有客户群体中的核心用户识别出来，甚至要在现有客户群体之外寻找潜在的核心用户。如果企业忽视了核心用户的诉求，就难以获得高价值客户需求。

## 3. 能力突破

在深入理解客户需求之后，下一个障碍往往是技术实现的能力瓶颈。有些企业评估完市场需求后，往往因为技术方面的挑战而退却。因此，企业能否持续挑战自身能力的极限并实现突破尤为重要。这要求企业具有较强的学习能力，并勇于挑战现状。

很多重大突破的背后往往是能力的突破。防松动螺母是日本哈德洛克公司的核心产品，目前已被广泛应用到铁路、航天飞机发射台、海洋钻探机等工作环境严苛的场景中。该公司创始人若林在创立哈德洛克公司之前就研发了 U 形螺母，但当时 U 形螺母在防松动方面并没有达到理想的效果。针对这个问题，当时整个行业都没有很好的解决方案。后来，若林从我国古代木结构建筑中的榫卯结构上得到灵感，通过在一个螺栓上配合使用凹、凸形状的两种螺母，突破了原有技术瓶颈。

## 3.2.2 路径2：重新定义，探求终极解决方案

在产品持续迭代成为常态时，市场上偶尔也会出现一些令人耳目一新的创新产品，如面向个人消费者的智能音箱、面向企业的云服务（见图 3-2 中的上半部分）。这些创新跳出了固有思维并为客户提供了更好的选择。

企业如何才能重新定义产品并重塑行业格局呢？要点有三个，如图 3-4 所示。

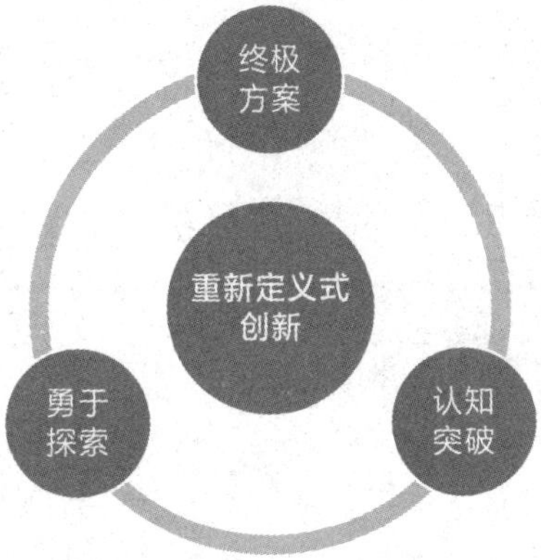

图 3-4　重新定义式创新的三个要点

### 1. 终极方案

要想重新定义产品，就要面向未来探索终极解决方案，而不是只做简单的产品迭代。探索未来的终极解决方案非常具有挑战性。如何理解这里所说的终极解决方案呢？小米盒子的遥控器就是一个典型案例。《一往无前》一书中有这样一个故事，小米公司的创始人之一王川把小米盒子遥控器做到了令对手绝望的地步。他带领团队做出了一个按键最少的遥控器，加一个按键会显得多余，少一个按键则难以使用。王川及其团队找到并实现了小米盒子遥控器的最优解，令客户为之赞叹不已，但令对手感到绝望。换个角度讲，所谓的终极解决方案有时就是"本应如此的解决方案"，其实就

是最优解。当然，终极解决方案是一个相对的概念（今天我们找到的终极解决方案可能也会在若干年后被新方案所取代），但这不妨碍我们阶段性地实现创新突破。

### 2. 认知突破

创新尤其是颠覆原有认知的创新是非常困难的，其中一个关键挑战是要突破原有的思维局限。如果说持续迭代的创新路径主要靠需求驱动，那么重新定义这条创新路径的核心就是突破原有认知。正如福特汽车创始人亨利·福特所言："如果我当年去问顾客他们想要什么，他们肯定会告诉我想要一匹更快的马。"可见，一般的客户难以突破其固有思维。突破原有认知的关键是要想办法获取前瞻性需求。我们可以把前瞻性需求视为一种面向未来的隐性需求，因为绝大多数客户还没有真正意识到这种需求。但是，一旦把满足前瞻性需求的产品呈现给他们，他们就会兴奋不已。

2014 年 11 月，亚马逊的智能音箱 Echo 正式发布。智能音箱是打破常规的产品创新，它是把音箱与人工智能、物联网等技术融合而创造的新品类，重新定义了音箱产品。传统音箱关注的核心价值是播放声音，智能音箱则以语音交互及万物互联为核心。如果按照持续迭代的路径对音箱进行创新，我们关注的重点会是音质的持续提升、外观的改进等。智能音箱突破了人们对音箱的原有认知，其诞生给用户带来了惊喜。

为了发掘前瞻性需求，企业往往需要关注行业内的一批极客。当然，如果研发团队成员本身就是极客，就能做到事半功倍。乔布斯时代的苹果公司为何创新力出众？关键原因之一就是乔布斯所带领的团队就是由一批能力出众的极客组成的。

### 3. 勇于探索

如果企业选择对产品进行持续迭代，就比较容易预知其市场表现；如果企业选择重新定义产品，就会面临诸多不确定性。因此，重新定义这条创新路径要求企业勇于面对不确定性并勇于尝试。不过，如果企业对创新成果过于乐观，就容易导致一次性押注过大，一两次失败就会让企业今后对创新尝试望而却步。因此，企业在勇于探索的同时也要善于管理不确定性风险。

小到电灯，大到飞机，创新者们都做过无数次的实验和改进。正如爱迪生所言："天才就是1%的灵感加上99%的汗水。"重新定义这条创新路径要靠1%的认知突破加上99%的持续探索。胶囊内镜就是一个典型案例。

无论对现有产品进行持续迭代还是对其进行重新定义，做好都有挑战性。当然，二者之间也有明显的差别。我们可以从需求聚焦点、思维方式和平均难度系数这三个方面进行简单的对比和总结（见表3-1）。

表3-1　两条典型创新路径的对比和总结

| 三个方面　　　　两条路径 | 路径1：持续迭代，追求极致的客户体验 | 路径2：重新定义，探求终极解决方案 |
|---|---|---|
| 需求聚焦点 | 核心客户的高价值需求 | 前瞻性客户面向未来的需求 |
| 思维方式 | 侧重于当下，持续提升客户体验 | 面向未来，探索终极解决方案 |
| 平均难度系数 | 较高 | 非常高 |

企业要深入理解不同创新路径的特点，并根据自身的能力及战略意图合理选择产品创新路径。在表3-1中给难度系数加上了"平均"这一定语，主要是想说明从个例的角度来说，路径1并不一定比路径2轻松，但总体来看，路径2比路径1更具有挑战性。不过，在这里要提醒一点，企业一味地追求革命性的产品创新未必是好的选择，因为在组织能力达不到相应要求时，企业很有可能长期看不到产出。但是，企业也不能安于现状、过于保守。因此，企业既要脚踏实地，又要志存高远，争取在自身现有能力的基础上达到高标准、严要求，从而在实现能力突破的过程中实现创新突破。

# 3.3　从客户需求到创新构想

正如前文所述，创新既可以是对现有产品进行持续迭代，也可以是突破原有思维局限对产品进行重新定义。我们可以通过胶囊内镜的创新案例解读产品创新的基本过程。

**案例**　胶囊内镜的诞生过程

胶囊内镜是一款有未来感的产品，在消化系统疾病诊疗方面实现了革命性的突破，尤其是填补了小肠检查的空白。在胶囊内镜的发展历程中有三个关键人物，分别是以色列光电工程师葛瑞尔·艾登（Gavriel Iddan）博士、以色列消化内科医生埃坦·斯卡帕（Eitan Scapa）教授和英国教授保罗·斯温（Paul Swain）。

胶囊内镜的诞生过程大致如下。

- 1981 年，两位正在休假的以色列人刚好住在波士顿的同一个社区，一位是光电工程师艾登，另一位是消化内科医生斯卡帕。在闲聊中，他们探讨了各自的业务领域，斯卡帕希望艾登帮助他寻找一种观察人体小肠的方法，但艾登当时一筹莫展。

- 1991 年，他们再次探讨了 10 年前的话题。此次，艾登萌生了可吞服胶囊内镜的初步想法：一款配备无线发射器的微型可吞服相机。

- 1992 年，艾登继续探索相关方案的可行性，但是推进过程困难重重。

- 1993 年，艾登把可吞服胶囊内镜分为三个部分——成像仪＋无线发射器、记录器、工作站。至此，可吞服胶囊内镜的创新构想取得了突破性的进展。

- 1994 年，另一位关键人物——英国教授斯温在演讲中提出了无线内窥镜的想法。实际上，斯温从 1981 年就启动了相关的研究。

- 1998 年，艾登和斯温所在的两个团队开始合作。

- 1999 年，在克服了产品体积、信号传输强度、电池、图像清晰度等诸多挑战后，产品原型被开发了出来。之后，斯温亲自吞服胶囊内镜进行实验，并获得了高质量的图片。

- 2000 年，胶囊内镜拍摄的首张人体消化道图像被刊登于《自然》杂志。同一年，胶囊内镜通过了美国食品和药物管理局（FDA）认证。

- 2021 年，随着产品的持续迭代，患者已经可以通过远程医疗的方式在家里进行内镜检查。

---

从胶囊内镜的发展历程来看，似乎一位工程师和一位医生的两次交谈就让胶囊内镜的产品构想初步明朗了，但实际上两次交谈间隔了 10 年。而且从明确需求到产品真正开始商用经历了漫长的时间，前后花了将近 20 年。当然，很多创新项目的历时会比这短得多。

虽然具体的产品不同，但创新过程的基本逻辑大同小异。结合胶囊内镜这个案例，我们可以把从了解需求到最终明确创新构想这个过程分为图3-5 所示的七个步骤。

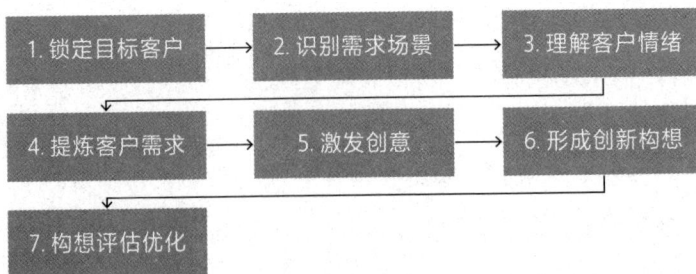

图 3-5  产品创新构想形成的七个步骤

这七个步骤基本上是按顺序执行的，但是在具体执行过程中，如果前面的步骤没有做好，就会影响后续步骤的输出，因此有可能出现一定程度上的循环往复。

## 3.3.1 锁定目标客户：谁是我们的目标客户

明确创新构想的核心是理解客户需求，所以我们首先要思考谁是我们的目标客户。

其实，大部分现有业务的不确定性相对较小，所以这个问题的答案比较清晰。此时，我们要重点关注对典型目标客户的深度接触。如果企业正在探索新的业务领域，那么不仅要精准识别目标客户，还要遇到对的人。所谓"对的人"，就是前面提到的核心用户或相关领域内的极客，这些人对相关产品或服务有浓厚的兴趣及深刻的见解。例如，在胶囊内镜的案例中，如果光电工程师艾登在休假时遇到的不是斯卡帕医生，而是另一位消化内科医生，那么最终结果会如何？也许他们根本就不会深入讨论内镜检查这个话题。

## 3.3.2 识别需求场景：客户体验的关键场景有哪些

如何系统、深入地理解客户需求场景呢？

场景可以简单地理解为客户所要达成的目标及其对应的特定条件。我们可以通过图 3-6 所示的七个问题相对准确地描述场景。

因为客户需求场景众多，所以企业要从关键场景入手进行分析，尤其是客户有痛点的场景。回到胶囊内镜这个案例，对消化内科医生斯卡帕来说，当时可以使用肠胃镜等多种常规手段对肠胃病进行检查，但唯独缺少对小肠内部进行检查的手段。因此，在面对相关消化道疾病时，如何对小肠进行检查就是一个存在痛点的关键场景。

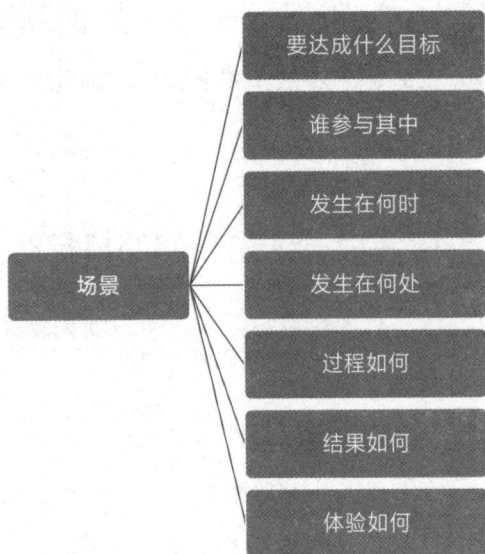

图 3-6　描述场景的七个问题

在识别关键场景时，企业要重点关注已经存在或可能存在痛点的典型场景。为了方便大家理解，这里用日常生活中的案例进一步说明。如果几年前有人说"点开手机上的天气信息，不应该只显示今天和未来几天的信息，也应该显示前一天的信息"，估计不少人听到这个需求会不以为然，甚至有些迷惑。天气预报本来就是预报未来天气的，为什么要显示过去的信息呢？但是，当我们深入分析需求背后的场景时就会恍然大悟。几年前，我通过手机查询天气时遇到了一个烦恼。一般来说，当气温波动较大时，我们出门前会比较关心当天气温与前一天气温相比如何，因为前一天的气温我们已经体验过了。遗憾的是，当时天气预报软件默认显示的都是从当天开始到未来几天的天气情况。大概在 2019 年年底，我更新手机软件后有了惊喜的发现：天气预报软件已经默认显示前一天的天气状况了。可见，天气预报软件的开发团队也识别出了这个用户需求场景。

下面基于查询天气预报这一场景回答图 3-6 中的七个问题。

- 要达成什么目标：查看天气预报，根据当天气温决定外出时是否需要增减衣物。

- 谁参与其中：自己。

- 发生在何时：早上出门前。

- 发生在何处：家里或酒店。

- 过程如何：看完天气预报后，虽然知道了当天气温，但还是不能准确判断是否需要增减衣物。

- 结果如何：凭感觉出门，最终结果可能是觉得有点热（衣物穿多了）或觉得有点冷（衣服穿少了）。

- 体验如何：稍显失望。

只要企业基于这七个问题把关键场景描述清楚，就可以全面系统地理解客户的核心需求。

## 3.3.3　理解客户情绪：深入理解客户体验过程中的关键情绪有哪些

为了准确识别产品和服务的待改进点，企业要把客户体验过程进一步分解，并重点关注客户体验过程中的关键情绪。对于客户的体验场景，企业要重点关注三种情绪：一是失望；二是不经意或不得不做出的妥协；三是兴奋。这三种情绪都是创新机会的来源：客户失望之处往往代表了客户痛点；客户妥协之处很容易被客户忽视，甚至被业内专家视为不可逾越的既有状态，但换个角度思考可能就是巨大的创新机会；客户兴奋之处则往往是需要进一步强化的地方，强化之后能让产品或服务具有更大的优势。

为了发现这三种情绪，企业要把客户的体验过程展开，然后分析相应的客户情绪（见图3-7）。

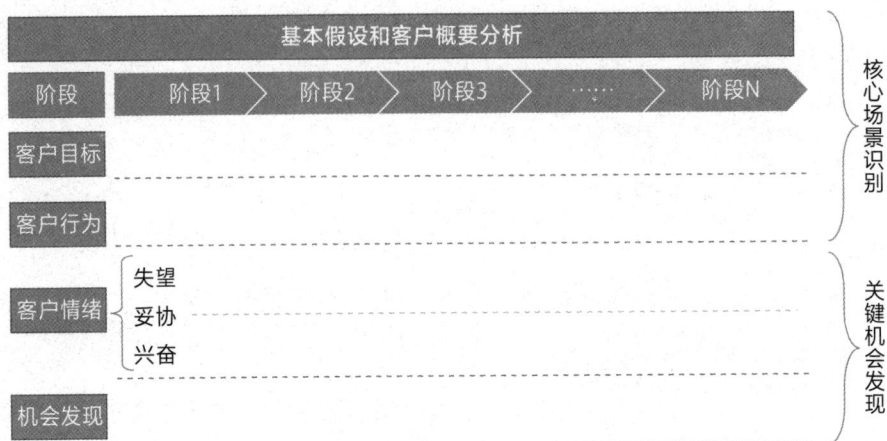

图 3-7　基于客户体验过程对客户情绪进行分析

（1）失望

客户痛点往往隐藏在客户失望之处。再次回到胶囊内镜的案例，传统胃镜无法对小肠内部进行检查，这让医生和患者感到失望。同时，传统胃镜会让患者产生恶心等不良反应，这让部分患者对胃镜检查望而生畏（这也是失望的表现之一）。

结合典型的客户需求场景，我们可以通过与客户深入交流及观察客户体验过程等方式理解客户的相关情绪。客户的失望情绪往往会转化为求助及投诉行为。这时，客户服务部门就会收到客户的反馈。遗憾的是，很多企业对客户服务部门的重视程度并不高，因而错失了理解客户需求的重要渠道。此外，对通过电商平台销售产品的卖家来说，用户评论也是获取客户反馈的重要途径。

（2）妥协

客户的失望情绪往往表现得较为明显，妥协这种情绪则相对隐蔽，甚至不会表现出来。例如，在早期的计算机上首次接入外部设备时，用户需要手动安装驱动程序。有些用户觉得这样的操作有些烦琐，但也默默接受了，因为大家都认为这就是计算机的正常用法。这种略显无奈但又默默接受的情绪就是妥协。再如，之前的火箭都是一次性的，这导致每次发射火箭都要耗费巨资，而且这种做法已经被业内所默认。后来，Space X 公司通过对火箭进行回收再利用的方式大幅度降低了火箭的发射成本。

妥协这种情绪很难通过简单的客户访谈发现，因为客户可能对其做出的妥协已经习以为常了。这就要求我们仔细观察客户的体验过程并识别客户情绪，或者作为抛弃固有观念的局外人亲自体验整个过程。

（3）兴奋

之所以说客户兴奋之处是创新机会的来源，是因为客户的兴奋之处表明了客户真正在意什么。市场发展的客观规律表明，客户在原有期望被满足之后会产生更高的期望。因此，客户的兴奋之处也为业内各家企业指明了发力方向。就拿智能手机来说，其影像系统在多年前就在某种程度上取代了数码相机并让用户为之兴奋，而手机用户当前依然会重点关注其影像系统的持续提升。

如何才能发现客户在体验过程中的兴奋之处呢？企业既可以观察客户在体验过程中的情绪变化，也可以分析当前客户购买产品的关键理由。尤其是当产品相较于竞品优缺点都很明显时，让客户为之兴奋的功能特性就更容易凸显出来。例如，iPhone 手机刚推出时虽然存在屏幕易碎、待机时间短、通话质量有待提升等问题，但并没有影响消费者的购买热情，这充分体现了 iPhone 手机的独特之处。我们也可以用类似的思路分析新能源汽车等产品。

## 3.3.4　提炼客户需求：如何对客户的需求做取舍

需求分析提炼并不是简单地对需求进行分类和排序，而是对企业市场洞察力和商业直觉的双重考验。企业在需求分析提炼方面要达到"去伪存真、透过现象看本质"的程度。什么是"透过现象看本质"？现代营销学奠基人之一西奥多·莱维特（Theodore Levitt）的那句被广为流传的名言就是一种很好的阐述。

> 人们并不是想购买一个 1/4 英寸的钻头，而只是想要在墙上开一个 1/4 英寸的钻孔。
>
> ——西奥多·莱维特

进一步延伸，我们可能会发现，其实客户需要的也不是一个钻孔，而是布置得更温馨的居家环境。客户说什么必然受限于自身认知，企业则必须透过客户的表层需求直达客户需求的本质。因此，从这个角度来说，企业开展需求分析时确实面临诸多挑战，我们必须从多个维度出发进行思考。例如，智能手机的影像系统涉及一个问题：镜头的像素值越高越好吗？2019 年，小米推出了搭载 1 亿像素镜头的手机，这让此问题成了一时的焦点。从表面上看，客户需求是提升镜头像素值，但其本质上是提升影像效果。当然，有时强调某些高性能指标确实是一种有效的营销手段。因此，企业做需求分析时要在诸多场景及约束条件之间取得平衡，如何取舍与企业的经营理念及市场策略直接相关。

需求分析工作一般涉及需求的理解、过滤、分类和排序等。具体来说，企业必须对一些关键需求进行必要的解释与澄清，过滤掉一些明显不匹配的需求，还要考虑如何处理不同需求之间的冲突。例如，有些客户需要高质量，有些客户则更关注成本控制等，这时企业就要结合最终的价值定位进行取舍。即使客户的不同需求之间没有明显的冲突，但考虑到有限的资源和能力，企业也必须对客户需求进行优先级排序。

企业在分析客户需求的过程中可以运用一些方法和工具。例如，$APPEALS 模型就是被广泛传播和使用的一种工具。该模型从八个维度为定义产品提供了框架（见图 3-8），可用于指导需求收集及需求分析，甚至可以单独用于竞争分析。

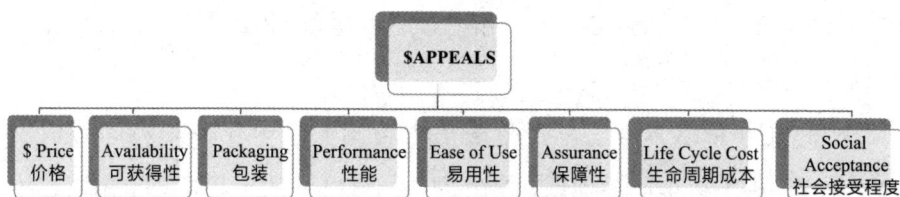

图 3-8　$APPEALS 模型

鉴于很容易在网上找到 $APPEALS 模型的介绍，这里就不再展开说明。不过，这里要说明一点，$APPEALS 模型的八个维度虽然具有通用性，但与具体行业结合的深度不够，或者说重点不够突出。因此，在具体应用该模型的过程中，往往需要对核心需求要素进行重新分类。所谓核心需求要素，就是客户在评价相应产品时最关注的需求维度。例如，对于扫地机器人，企业可以从客户视角出发，将核心需求要素分为价格、品牌、吸尘效果、拖地效果、智能程度、续航时间、噪声大小和外观八个维度。

## 3.3.5　激发创意：如何通过创造性方案解决主要矛盾

说到创意，很多人会觉得这有赖于某些聪明人的灵光乍现。那么，为什么有些团队能够想出非常好的创意，而有些团队却不能呢？这涉及很多因素。创意的产生既需要突破思维局限，也需要集思广益。

激发创意有很多实用的方法和工具，如奔驰法（SCAMPER）、六顶思考帽及 TRIZ 理论等。六顶思考帽是由爱德华·德·博诺（Edward de Bono）博士开发的一种全面思考问题的思维模式。我们运用该思维模式可以从不同的角度对一个问题进行思考，从而使混乱的思维变得清晰有序，进而激发创造性并最终得出解决方案。TRIZ 是俄语"发明问题解决理论"的首字母缩写。TRIZ 理论是由苏联发明家根里奇·阿奇舒勒（Genrikh Altshuller）所领导的团队在分析全球大量高水平专利基础上总结出来的理论体系，阿奇舒勒也因此被尊称为"TRIZ 理论之父"。限于篇幅，本书无法展开介绍相关内容。如果大家希望进一步了解六顶思考帽和 TRIZ 理论，请参阅相关图书。

这里重点介绍奔驰法。奔驰法是由美国心理学家罗伯特·艾伯尔（Robert Eberle）提出的一种创意激发方法。该方法的核心是一个拓宽解决问题思路的列表，列表包括七个思考方向，分别是替代（Substitute）、合并（Combine）、改造（Adapt）、调整（Modify）、改变用途（Put to other uses）、去除（Eliminate）和逆向操作（Reverse）。

以胶囊内镜为例，这款产品就融合了诸多创意，包含了上述多个思考方向，这里简单列举几项：

- 去除了传统内镜的线缆（去除），并用内部光源替代外部光源（替代）；
- 将成像仪和无线发射器组合起来以便实现图像传输（合并）；
- 大幅度地缩小了内镜体积，以便患者吞服（改造）。

奔驰法的具体说明如表 3-2 所示。

表 3-2　奔驰法的具体说明

| 简写 | 含义 | 说明 | 案例 |
| --- | --- | --- | --- |
| S | Substitute（替代） | 为已有方案寻找替代方案 | 云服务：企业通过网络以按需、易扩展的方式获得所需的存储与计算等 IT 服务，从而替代企业自建数据中心的传统模式 |
| C | Combine（合并） | 将不同的事物整合，从而产生新的用途 | 智能音箱：对音响和人工智能进行整合 |
| A | Adapt（改造） | 进行大的改动 | 运动相机：为相机增加固定装置并重新进行设计以适应极限运动的场景 |
| M | Modify（调整） | 对局部进行小的改动 | 平板电脑：把智能手机的尺寸放大，使之成为新的产品 |
| P | Put to other uses（改变用途） | 发现新用途，将当前产品移作他用 | 大猩猩玻璃：康宁公司改变了玻璃的用途，把玻璃用于智能终端的屏幕 |

（续表）

| 简写 | 含义 | 说明 | 案例 |
|---|---|---|---|
| E | Eliminate（去除） | 对原有的部分进行删减 | 智能手机：把传统的功能手机的物理键盘移除，并换成可以按需调用的虚拟键盘 |
| R | Reverse（逆向操作） | 进行逆向思维，如调整原有事物之间的顺序 | 今日头条：从传统的人找信息变为信息找人 |

## 3.3.6　形成创新构想：如何明确价值定位并形成创新构想

结合生成的创意，我们可以进一步明确产品的创新构想。产品创新构想的形成有三个要点：一是匹配客户需求，二是具有竞争力，三是清晰的价值定位（见图 3-9）。

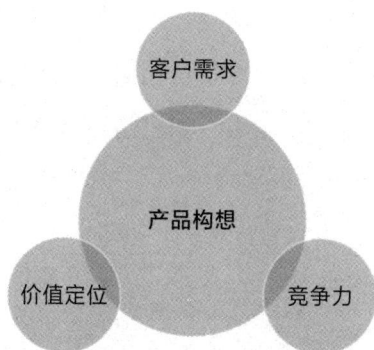

图 3-9　形成产品创新构想的三个要点

为了帮助大家理解，这里设定一个场景并结合此场景简述创新构想形成的要点。

**场景假设**：一家初创企业的主营业务是扫地机器人，其核心优势在于人工智能技术。不过，由于之前推出的第一款产品的市场反响不如预期，

67

该企业决定对标业内第一梯队的竞品，重新设计新一代产品。该企业现阶段的核心工作是明确新一代产品的价值定位及整体构想。

**工作开展**：为了明确下一代产品的价值定位及整体构想，除了要了解客户需求，还要了解竞争对手当前做到了什么程度，并预判竞争对手的下一代产品将达到什么水平。

（1）基于客户视角了解竞品达到的水平

分析竞品时，我们要回答一个关键问题：客户为什么会选择我们而非竞争对手？这个问题又可以引出两个问题：谁是我们的竞争对手？相较于我们的产品，竞争对手的产品表现如何？

为了简化分析过程，这里将一款竞品作为分析对象，基于客户的核心需求要素，采用雷达图作为分析工具展开分析。当然，分析过程要以相关数据为支撑，有时甚至需要多次内部讨论才能达成共识。在这个过程中，最容易犯的错误之一就是高估了自己的竞争力，所以要特别注意基于客户视角而非自身视角进行评估。

假设基于客户视角的竞品分析结果如图 3-10 所示，实线节点对应数值表示竞品的市场表现，满分是 10 分，最低分是 0 分。

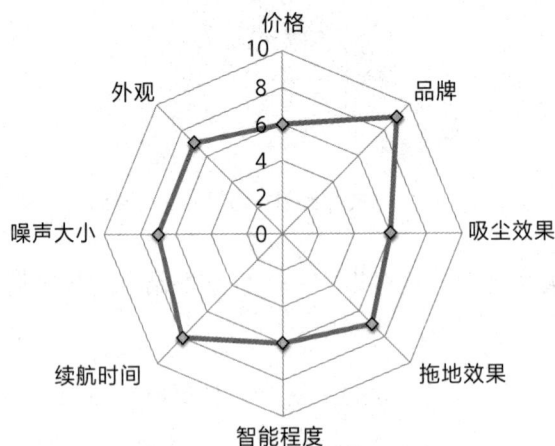

图 3-10　竞品雷达图

（2）基于需求和竞争明确新一代产品的价值定位及总体构想

明确价值定位时，一定不要贪大求全，而要考虑如何实现精准匹配目标细分市场。对此，有人可能会发出疑问："为什么不能有更高的追求呢？例如，在更多的方面超越竞争对手，或者覆盖更大的市场。"其实，如果实力允许，当然可以。但是，现实情况往往是全面领先竞争对手会很困难，并且用单个产品覆盖大市场容易出现产品与目标客户匹配不精准的问题。大部分产品之所以在激烈的市场竞争中仍然能获得市场的认可，往往是因为其在一两个特性上表现突出，而这一两个特性的差异化优势就是其价值定位的体现。例如，小米公司作为智能手机行业的后来者，刚开始瞄准了非常在乎性能体验的"理工男"，并把产品做出了极致性价比。同样是在激烈竞争的智能手机市场，OPPO 的某系列手机则另辟蹊径，强化快速充电功能，其"充电 5 分钟，通话 2 小时"的价值主张赢得了市场的认可。

下面基于扫地机器人的业务场景进一步说明明确价值定位的思路。该企业结合自身在人工智能技术方面的积累，最终选择在扫地机器人的智能化方面进行突破，同时在品牌影响力不如竞争对手的情况下通过调整价格提升竞争力。当然，企业既要基于客户视角充分思考所谓的产品优势能否真正打动目标客户，又要考虑未来竞争对手的动态，还要结合多种复杂因素（如资源和能力、战略诉求等）进行决策。

一种对标竞争对手的有效方法是对标的同时进行局部突破，如果更大胆一些，那么可以尝试对扫地机器人进行重新定义。例如，把语音交互及娱乐作为扫地机器人的一项重要附加功能，结果会如何？把智能音箱与扫地机器人结合起来可以吗？经过多次讨论，该企业最终确定的价值定位如下：新一代扫地机器人瞄准年轻用户，增加了语音交互功能并提升了避障能力，可以为用户提供更好的智能化体验。

图 3-11 中的实线代表前面分析的竞品（分析时要结合竞品的动态），虚线则代表该企业的新一代产品。通过图 3-11 中的雷达图可以看到竞品在品

牌和外观设计方面比该企业的产品更有优势，而该企业的产品在智能化和价格方面有一定的优势。

当然，除了明确价值定位，该企业还要结合典型目标客户的核心需求要素明确新一代扫地机器人的关键特性（具体内容不再展开）。

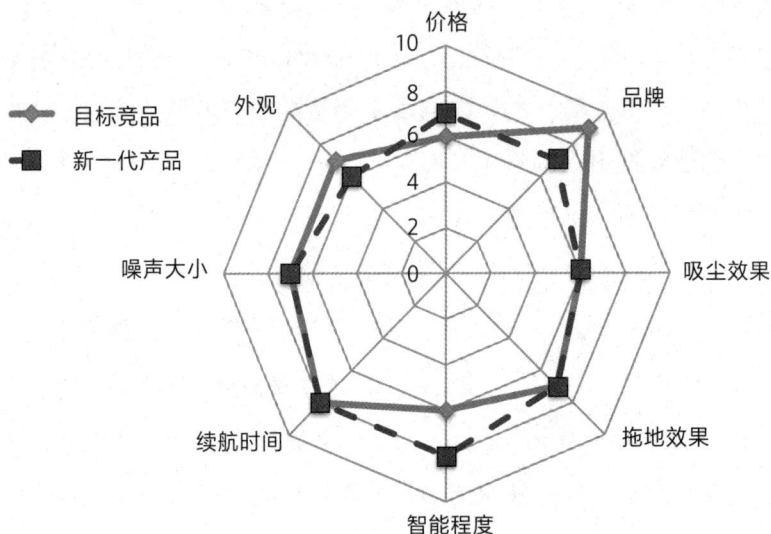

图 3-11　新一代扫地机器人的价值定位

## 3.3.7　评估优化构想：如何判断产品创新构想的可行性

由于认知的局限性，我们可能会对事实做出误判，包括客户需求、竞争及市场的发展趋势等。这就导致产品初步的市场定位可能存在偏差并需要进一步优化。此时，我们可以协调企业内部的相关人员介入讨论和评审，也可以征询外部的行业专家及客户的意见，还可以结合第 6 章介绍的最小可行产品等方式进行验证。

## ◢◤ 本章小结

本章从产品创新的角度深入阐述了持续迭代与重新定义这两条典型的创新路径，并说明了从客户需求到产品构想的七个步骤：

- 锁定目标客户；
- 识别需求场景；
- 理解客户情绪；
- 提炼客户需求；
- 激发创意；
- 形成创新构想；
- 评估优化构想。

不同的产品创新有着迥异的市场表现，其中的原因是多方面的。虽然创新的成败最终要通过市场来检验，但是很多产品创新早在产品构想阶段就几乎决定了其上市之后的成败。在创新构想阶段，我们可以对照表 3-3 进行自检，从而在一定程度上发现当前存在的关键问题。

表 3-3　在创新构想阶段需要反思的问题

| 五个要点 | 问题反思：消极表现或积极表现 |
| --- | --- |
| 识别目标客户 | 我们深入接触的目标客户是普通大众还是具有行业引领性的客户 |
| 识别关键场景 | 我们对客户场景的理解是浮于表面还是比绝大多数客户理解的还深入 |
| 洞察客户需求 | 我们是按部就班地了解了客户需求还是真正挖掘出了客户的前瞻性需求 |
| 形成创新构想 | 我们是希望做出有一定改进的创新还是希望持续探索可以重塑行业格局的创新 |
| 面对困难的态度 | 面对困难和挑战，我们是明显降低了对创新的要求还是追求极致、勇于突破 |

# 第 4 章

# 商业模式创新：
# 重塑底层商业逻辑

任何一家企业都有自己的商业模式，无论小微企业还是世界 500 强企业，也无论传统制造企业还是互联网企业。那么，我们应该如何理解商业模式并充分发挥其价值呢？本章将重点阐述商业模式创新。

# 4.1 通过商业模式创新实现业务突破

当我们提到商业模式创新时，大家最容易想到的就是谷歌、阿里巴巴、优步、爱彼迎、字节跳动等这类具有互联网基因的企业。实际上，各行各业的企业都可以通过商业模式创新获得更大的发展机遇，台积电、苹果公司和米思米就是其中的代表。

先看芯片制造领域的台积电。台积电于 1987 年创立，核心业务是为芯片设计公司提供芯片晶圆制造服务。台积电这种模式在今天看来已经非常平常，但在当时却具有开创性的意义。当时全球半导体企业采用的都是纵向一体化的模式，相关企业的业务范围覆盖了从芯片设计到晶圆制造再到封装测试等各个环节。台积电则把芯片晶圆制造这一重资产、高投入的环节分离出来，这让更多的创业团队有机会进入芯片设计领域。芯片晶圆制造服务的分离推动了整个半导体行业的发展，也成就了今天的台积电。

| 案例 | 苹果公司两次关键的商业模式创新 |

苹果公司在很长一段时间内能够在全球顶尖的公司中脱颖而出并非单凭其优秀的产品，其在商业模式上的创新也起到了巨大的作用。乔布斯带领苹果公司重塑了 PC、音乐、手机、数字出版等多个行业。对苹果公司营收结构比较了解的人可能会觉得，苹果公司当前约 80% 的营收仍然来自硬件销售，所以它本质上还是一家硬件公司。其实，我们不仅要关注其当前的营收结构，还要关注商业模式对其核心竞争力、客户体验及未来发展前景的重大影响。

苹果公司于 1976 年成立，以 PC 起家，在 1976 年和 1977 年分别发布了 Apple I 和 Apple II，后来又发布了 Lisa、麦金塔等一系列 PC 产品。除了 PC，苹果还开发了音乐播放器 iPod、智能手机 iPhone、平板电脑 iPad 等（见图 4-1）。如今这些故事我们都已经耳熟能详，但很多人忽视了苹果公司发展过程中的两次商业模式创新。

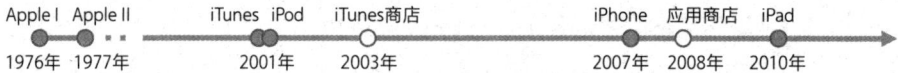

图 4-1　苹果公司发展历程中的部分创新里程碑

（1）第一次商业模式突破：以 iTunes 为核心重塑音乐行业

苹果公司在 2001 年先后推出了 iTunes 及 iPod，并于 2003 年推出了 iTunes 商店。iTunes 商店成了数字音乐的互联网销售平台，苹果公司也因此获得了音乐销售的利润分成。iTunes 商店给苹果公司带来了商业模式上的转变，新模式涉及三个重要角色——消费者、音乐公司和苹果公司（见图 4-2）。

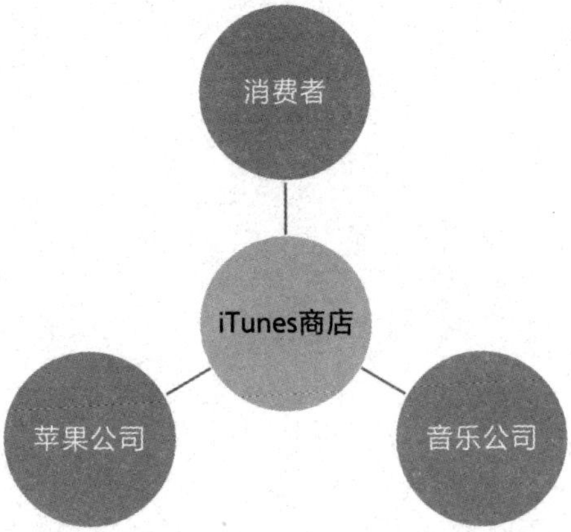

图 4-2　iTunes 商店的模式涉及的三个角色

- 消费者：iTunes 商店为消费者提供了购买正版音乐的便利途径；同时，iPod 作为一款优秀的音乐播放器，带来了用户体验的提升。
- 音乐公司：音乐公司与苹果公司的合作可以在很大程度上避免由盗版问题导致的经济损失，并可以促进音乐产业的长期可持续发展。
- 苹果公司：通过在线销售音乐重塑了音乐行业，并提升了自身的盈利能力；在提升用户体验的同时强化了自身的品牌影响力，也为长期发展打下了坚实的基础。

（2）第二次商业模式突破

苹果公司在 2008 年把 iTunes 商店的模式引入 iPhone，后续又进一步延伸到 iPad 和 Mac 上，这就是大家熟知的苹果应用商店。从此，移动应用市场开始了爆发式的发展。苹果应用商店也涉及三个重要角色——消费者、应用开发商和苹果公司（见图 4-3）。

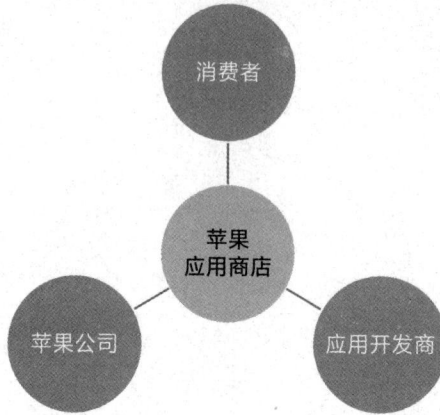

图 4-3　苹果应用商店涉及的三个角色

- 消费者：通过苹果公司建立的平台一站式购买和体验各类移动应用。
- 应用开发商：借助苹果公司搭建的平台触及海量用户，从而获得生存和发展的机会。
- 苹果公司：不需要完全依赖自身资源就可以为消费者提供海量的移动应用，在提升用户体验的同时也增加了收入来源（与应用开发商进行利润分成），还通过构建庞大的商业生态进一步强化了自身的核心竞争力。

---

结合上述案例，从商业模式的角度来看，企业有两种典型的发展路径可供选择。

**路径一：沿用现有的商业模式，遵循行业既定的游戏规则**

大多数企业（尤其是传统的制造业企业）都选择了遵循行业既有商业模式这条常规路径。企业通过这条路径取得成功一般需要厚积薄发，其中战略耐力和执行力是关键。当行业处于发展初期或相对分散时，市场竞争压力一般相对较小。此时，选择路径一相对容易解决生存问题，但是能否突破发展瓶颈则要进行具体分析。随着行业集中度的提高，市场竞争压力会变得越来越大。此时，后来者遵循行业既定游戏规则取得成功的概率会大大降低，甚至难以在初期活下来。因此，沿用既有商业模式的主要好处是试错成本相对低，但主要挑战在于难以突破原有市场格局，尤其是在竞争对手比较强大的情况下。

路径二：找到商业模式创新的突破口，重塑游戏规则

如果企业希望在竞争激烈的市场中实现后来者居上，就有必要进行商业模式创新。现在，越来越多的企业在探索商业模式创新，尤其是在可以与人工智能、互联网等进行深度融合的领域。企业通过商业模式创新，一方面可以在一定程度上突破原有商业模式的发展瓶颈，另一方面可以提升自身的竞争力，前文提到的台积电和苹果公司就是典型例子。

## 4.2　基于六大要素解析商业模式的核心逻辑

虽然不同的企业有可能提供同类产品或服务，但其背后的商业模式可能大不相同。什么是商业模式？简单来说，商业模式就是企业经营的核心业务逻辑。我们可以用六大关键要素描述对应的核心业务逻辑，这六大要素分别是客户选择与价值定位、价值创造、价值交换、收益获取、战略控制点、组织与人才（见图 4-4）。

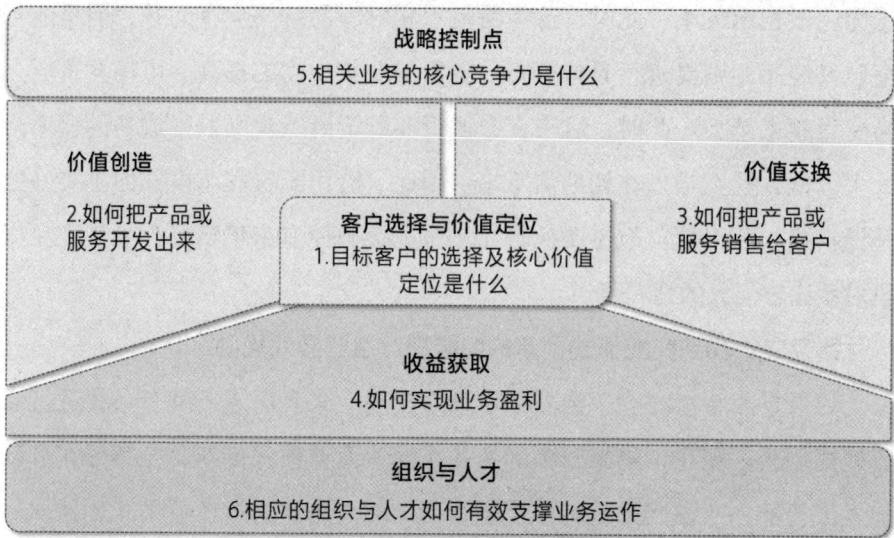

图 4-4　商业模式六要素模型

如果我们能够基于六大要素描述清楚业务运作的核心逻辑，也就理解了相应的商业模式。商业模式六要素模型其实隐含着六组关键问题，这里列出其中的一些典型问题。

（1）**客户选择与价值定位**：目标客户的选择及核心价值定位是什么

- 如何做市场细分？
- 市场细分后选择的目标客户有哪些？
- 目标客户的核心需求是什么？
- 我们提供哪些产品或服务？
- 相应的产品或服务的价值定位是什么？

（2）**价值创造**：如何把产品或服务开发出来

- 我们要开发哪些产品或服务？
- 当前阶段的业务重点是什么，降本增效还是以最快速度把产品或服务投入市场？

- 我们应该聚焦哪些关键环节？需要引入哪些外部合作伙伴？
- 我们应该采用哪种开发流程？

### （3）价值交换：如何把产品或服务销售给客户

- 如何与更多的客户建立连接？
- 如何促成合作并留住客户？
- 如何提升客户体验及品牌影响力？
- 在营销环节需要引入哪些外部合作伙伴？

### （4）收益获取：如何实现业务盈利

- 利润空间如何？
- 如何获取利润？
- 业务运作的成本构成如何？
- 当前阶段的工作侧重点是控制成本还是确保业务增长？
- 如何平衡短期收益和长期收益？

### （5）战略控制点：相关业务的核心竞争力是什么

- 行业内的关键成功要素有哪些？
- 我们当前的竞争优势体现在哪些方面？
- 未来重点构建哪些核心竞争力？

### （6）组织与人才：相应的组织与人才如何有效支撑业务运作

- 如何设计或优化当前的组织架构？
- 组织能力能够支撑现有业务吗？

- 如何激活组织？
- 如何持续获取业务发展所需的优秀人才？

在现实中，绝大多数商业模式创新都可以在已有商业模式中找到相应的原型，所以这里先介绍已有的典型商业模式。商业模式六大要素中的前四个要素基本决定了商业模式的形态，这里结合这四个要素列举 17 种典型的商业模式并将它们划分为 4 类，如图 4-5 所示。

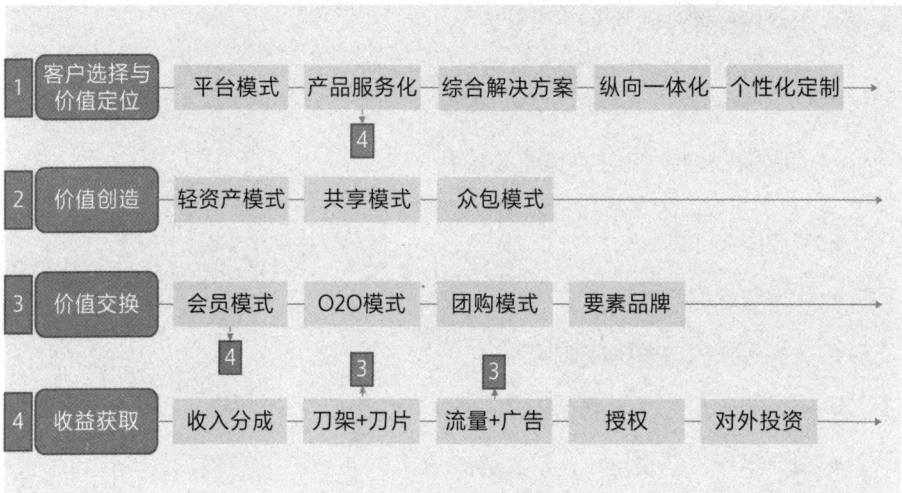

图 4-5　基于关键要素分类的典型商业模式

这里有三点需要补充说明。

（1）图 4-5 只列出了 17 种典型的商业模式，商业模式的种类当然远不止这些。

（2）一种典型的商业模式有时会兼具多个鲜明特征。例如，会员模式除了有利于吸引并留住客户（对应于价值交换要素），还涉及收益获取方式的改变。会员模式同时具有图 4-5 中第 3 类和第 4 类商业模式的典型特征，所以图 4-5 中用箭头做了标注。

（3）并非单一要素就决定了具体的商业模式，完整的商业模式仍然涉及六大要素（见图 4-4）。这里的分类主要是为了表明一种要素的设计会让相应的商业模式具有某些显著的特征。

下面结合 17 种典型的商业模式及商业模式设计的六要素进一步解析商业模式设计的要点。

## 4.2.1　客户选择与价值定位

客户选择与价值定位是整个商业模式的核心，而且两者是互锁的。也就是说，企业选择了什么样的目标客户，就在一定程度上选择了其对应的价值定位；反过来，价值定位也在一定程度上决定了企业最终会吸引什么样的目标客户。客户选择与价值定位的核心，就是根据客户需求对市场进行细分，选定目标市场并明确相应产品或服务的定位。当然，一个合格的价值定位要在满足客户需求的同时具备竞争力。第 3 章已经结合产品创新介绍了价值定位的要点，这里不再展开。

从客户选择与价值定位这一要素来看，典型的商业模式有平台模式、产品服务化、综合解决方案、纵向一体化、个性化定制等，其对应的要点及典型案例如表 4-1 所示。

表 4-1　基于客户选择与价值定位看典型的商业模式

| 典型的<br>商业模式 | 要点 | 典型案例 |
|---|---|---|
| 平台模式 | 平台方通过整合多方资源形成共赢的生态，这需要平台针对各方参与者分别提出对应的价值主张，通过满足各方需求实现平台的价值。由于该模式具有规模经济，因此对平台构建者来说，往往会出现马太效应，强者愈强，弱者则难以生存 | 鸿蒙生态、微信、拼多多 |
| 产品<br>服务化 | 以客户需求为中心，用综合服务方案替代单纯的产品销售，从而与客户建立更紧密的合作关系。之所以能够实现产品服务化，是因为产品只是满足客户需求的一种形式，而客户真正需要的是其需求被更好地满足 | 打印机租赁、Microsoft 365 订阅 |

| 典型的商业模式 | 要点 | 典型案例 |
|---|---|---|
| 综合解决方案 | 跳出单产品思维，基于客户业务需求视角提供综合解决方案，从而更好地为客户创造价值。企业要提供综合解决方案，就需要深入洞察客户需求，关注点从单点需求转变为多点需求甚至全局性需求 | 联发科一站式芯片解决方案、智能家居解决方案 |
| 纵向一体化 | 沿产业链的上下游进行多业务布局，以扩大对产业链的掌控范围或提升盈利能力。该模式虽然可以提升对产业链的掌控力，但也会分散企业的资源投入。企业是否应该实施纵向一体化需要结合自身定位及行业环境来综合判断 | 优衣库、Zara |
| 个性化定制 | 为不同客户的差异化需求提供个性化的产品和服务，从而提升客户体验。无论面向个人消费者还是企业客户，个性化定制服务都有一个关键，即解决定制可能带来的"高成本－低效率"问题 | 工业机器人、管理咨询 |

## 4.2.2　价值创造

价值创造涉及能否把产品或服务顺利地开发出来，以及如何实施。这里应重点关注两个要点：一是企业能否精准且快速地理解客户需求，二是企业如何利用内外部资源低成本、高效率地按需实现高质量的产品或服务。价值创造的基本逻辑如图 4-6 所示。

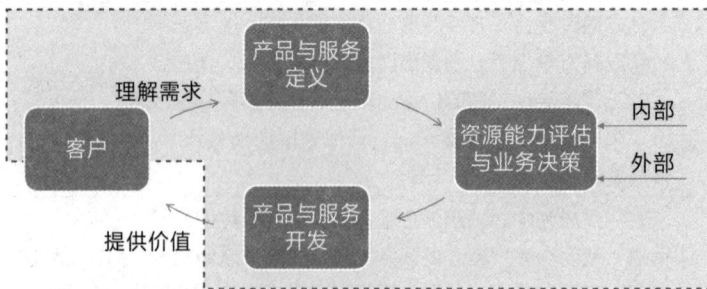

图 4-6　价值创造的基本逻辑

在竞争激烈的行业中，企业设计商业模式时必须考虑低成本、高效率，尤其是价值创造环节的低成本、高效率。对于新业务，企业不应该过于乐观地估计赚钱的速度，而应把好钢用在刀刃上，控制好花钱的节奏。例如，一家创业公司已经完成产品研发，但是接下来面临如何布局生产的问题。这时，该公司主要有两种选择，一是自建生产线，二是外包生产。显然，如果该公司启动资金有限，那么最好采用外包的方式控制早期的资金投入，从而降低财务风险。当然，如果外包可能带来部分核心知识产权泄露的风险，就要有应对策略。

价值创造这一要素所对应的典型商业模式及其要点、典型案例如表 4-2 所示（如果希望了解价值创造这一环节典型的实施方法，请参考第 6 章的相关内容）。

表 4-2　基于价值创造看典型的商业模式

| 典型的商业模式 | 要点 | 典型案例 |
| --- | --- | --- |
| 轻资产模式 | 企业聚焦核心业务，将涉及重资产的非关键业务环节（如生产、物流等）剥离或外包，从而避免资产的重度投入。该模式可以在一定程度上规避资源重度投入的风险，但要避免被剥离或外包的业务影响自身的核心业务 | 阿里巴巴的电商业务、耐克 |
| 共享模式 | 通过有效配置资源提升闲置资源的利用率，从而提升整体效率及盈利能力。资源供给方通过出让资源使用权可获得对应的回报，需求方不需要拥有资源也可以使用资源 | 爱彼迎、滴滴出行 |
| 众包模式 | 把企业内部的部分工作转交给企业外部的个体完成，从而弥补内部资源的匮乏和不足。该模式可以突破企业资源的局限，但同时要结合对应业务的特点考虑众包的工作质量对业务本身的影响及如何进行管控 | 宝洁公司的众包、维基百科 |

## 4.2.3　价值交换

获取并留住客户是价值交换环节的核心。我们要思考如何与客户建立连接、构建信任并促成合作，以及如何让客户获得更好的体验。好的体验可以进一步强化客户的信任并提升品牌影响力，从而形成一个良性循环。价值交换的循环过程如图 4-7 所示。

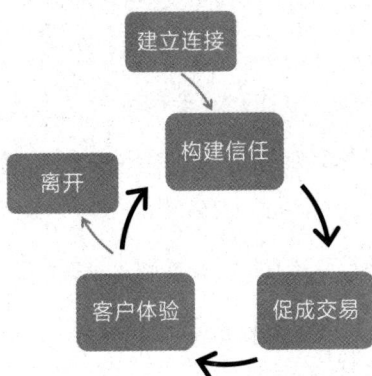

图 4-7　价值交换的循环过程

对营销端来说，获取新客户固然非常重要，但此阶段也要基于全局视角分析问题的根源并推动改进。

**案例**　新产品不上量，问题出在哪里

某家装设计平台面向企业及个人提供"所见即所得"的家装设计方案。在面向企业客户的业务中，这家平台型公司在软件产品创新上面临一个关键挑战：创新产品开发出来后经常会出现客户试用后对产品认可度不高的情况，从而难以达成预期收益并最终导致新项目失败。

面对创新产品频繁失败的情况，团队中有人认为需要强化市场拓展能力，只要找到更多的客户，自然会有客户认可产品。对应于图 4-7 中的模型，这种想法也就是期望通过与更多的新客户建立连接推动产品销量提升。经过交流，我发现这家公司的核心问题出在产品体验环节上：即使那些原本对新产品感兴趣的客户，在体验后也往往会变得对新产品

失去信心。这甚至导致有些客户只试用了一次产品就放弃了，无法真正形成图 4-7 中的良性循环。进一步挖掘根因，我发现较差的客户体验源于开发团队对客户需求的理解不充分，这进一步导致创新产品的价值定位不精准。因此，这个问题难以通过加大营销力度来解决，这家公司必须先把产品的客户体验做好。

---

价值交换这一要素对应的典型商业模式及其要点、典型案例如表 4-3 所示（关于价值交换这一要素的延伸内容，请参考第 7 章的相关内容）。

表 4-3　基于价值交换看典型的商业模式

| 典型的商业模式 | 要点 | 典型案例 |
|---|---|---|
| 会员模式 | 该模式可增强客户黏性，并可基于会员等级提供差异化服务。例如，客户可以免费享用基础产品或服务，使用附加的功能则需成为付费会员。免费模式与付费模式的巧妙结合可以降低客户的使用成本并加快市场扩张步伐 | WPS、亚马逊 |
| O2O 模式 | 通过线下与线上相结合的方式，强化对客户的多渠道触达，从而提升客户体验并促进交易达成。要避免线下和线上两类渠道的信息割裂，确保两者目标一致、利益共享 | 京东、沃尔玛 |
| 团购模式 | 买家通过组团提升与商家的议价能力，从而获得更优惠的价格，商家则获得更广泛的传播及更多的销量。该模式通常也是平台模式的一种，需要对应的平台方在实现多方共赢的同时保持较高的运营效率 | 拼多多、美团 |
| 要素品牌 | 强化产品或解决方案中必不可缺的材料、部件等构成要素的宣传，从而提升对应要素的品牌影响力。其核心是面向客户的下游建立强势品牌，通过客户的客户拉动产品销量提升 | 英特尔 CPU、鸿蒙系统 |

## 4.2.4　收益获取

很多行业都在或多或少地被渗透融合，导致其原有利润受到冲击。如果原本一直获利的产品或服务突然被其他企业当作引流的手段（以超低价甚至免费的方式提供给客户），那么我们该如何应对？这时，企业有必要重新审视并调整原有的利润获取方式，甚至要优化整个商业模式。例如，在国内杀毒软件市场发展早期，靠销售杀毒软件就可以获得丰厚的利润。但是，360公司进入杀毒软件市场后将收费模式转变为免费模式，最终导致整个行业的主流商业模式被颠覆。360公司则依靠杀毒软件引流掌控了PC这一流量入口并通过广告等方式获利。

一家健康的企业需要可持续的利润支撑其长期发展，而可持续的利润以成就客户为基础。从长期来看，我们盈利的前提是持续帮助客户获得成功或为其带来极致体验。如果客户离不开我们，我们自然就有机会持续盈利。

收益获取这一要素所对应的典型商业模式及其要点、典型案例如表4-4所示。

表4-4　基于收益获取看典型的商业模式

| 典型的商业模式 | 要点 | 典型案例 |
| --- | --- | --- |
| 收入分成 | 基于风险共担及收益共享的考虑，买方在初期对产品及服务只付一部分费用甚至不付费用，后续按照业务收益与卖方（产品及服务提供者）进行分成。这种模式可以降低买方的一次性投入，减轻资金压力；卖方则可以相对快速地切入市场，也有机会获得更高的收益。该模式一般需要合作双方有较高的信任度 | 直播平台、线上培训 |
| 刀架＋刀片 | 通过牺牲部分产品或服务的利润锁定用户，同时利用延伸产品或服务实现更多盈利。通过这种方式在一定程度上可以降低客户的早期支出，从而提升客户的购买意愿。从竞争维度来看，这可以增加新竞争者进入市场的难度，从而建立一定的市场壁垒 | 净水器、剃须刀 |
| 流量＋广告 | 一般通过提供免费的产品或服务吸引用户，收入则主要来自第三方广告，核心是要保证自身产品或服务的质量并吸引足够的流量。该模式往往对应于平台模式，但如果用户数量不够多则可能会入不敷出 | 百度、今日头条 |

（续表）

| 典型的<br>商业模式 | 要点 | 典型案例 |
|---|---|---|
| 授权 | 通过专利、品牌等无形资产的授权而获得收益。这种模式成功运作的核心是以专利和品牌等资产的价值为前提，通过资产的高价值帮助被授权方获得更大的收益。该模式可持续的基础有两个：一是企业在专利研发、品牌运营等方面要持续投入，二是当地政府对知识产权等相关要素的保护力度要大 | 高通、朗科 |
| 企业投资 | 除了自身的主营业务，企业同时利用对外投资的方式参与一些投资业务，从而在获取投资收益的同时规避未来的不确定性风险。企业投资范围往往涉及产业链的上下游业务，甚至会投资自己的竞争对手。由于有主营业务作为支撑，这类企业的投资模式与传统的风投机构有一定的差别 | 华为、小米 |

## 4.2.5　战略控制点

比起腾讯的微信，小米公司的米聊虽然拥有先发优势，但最终微信后来者居上并成了绝对的市场领导者。有人说，这是因为腾讯拥有强大的社交基因而小米公司没有。其实，换种说法就是：在社交软件这个领域，腾讯相对于小米占据着战略控制点，这导致两者在这个领域不是一个量级的对手。战略控制点是指直接影响企业生存与发展的核心竞争力。没有战略控制点，企业虽然有可能在某个阶段靠运气存活下来，但难以应对激烈的市场竞争。不过，构建战略控制点需要企业付出长期的努力，而且即使构建起来也很难一劳永逸，因为竞争环境是动态变化的。

对于战略控制点，我们可以从 4 个视角及相应的 12 个方面做进一步的分析，如图 4-8 所示。

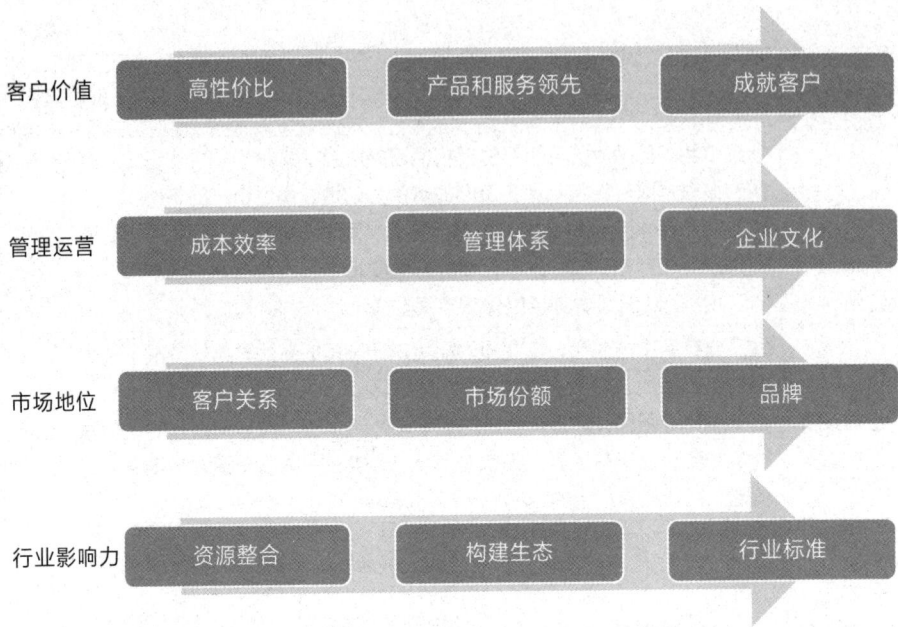

图 4-8　战略控制点的 4 个视角及 12 个方面

## 1. 客户价值

战略控制点首先要基于客户价值视角去看，关注企业可以给客户带来什么价值。

（1）高性价比

高性价比是指与同品质的产品和服务相比具有明显的价格优势。这种战略控制点对价格敏感的市场比较有效，是企业能够在中低端市场立足的关键因素之一。国内的主要手机厂商基本上都有相应的子品牌定位于满足用户的高性价比需求。

（2）产品和服务领先

中高端市场的客户更看重高品质并愿意为此付出溢价，这就要求企业的产品和服务处于行业领先水平。例如，大疆的消费级无人机在行业内具有非常明显的产品与技术优势，是该行业的绝对领导者。当然，如果价格相差不大，产品和服务领先在中低端市场依然可以发挥强大作用。

（3）成就客户

基于客户价值视角，核心竞争力的最高阶形态是极致的客户体验及成就客户的能力。例如，华为很早就把成就客户作为其核心价值观的一部分，并通过持续成就客户成长为行业领导者。成就客户的背后其实是企业的组织能力——从理解客户到为客户提供更有竞争力的解决方案的能力。

## 2. 管理运营

这是基于企业管理运营视角的战略控制点。企业进入需要实现规模突破的阶段后，就必须关注运作的成本效率及组织活力。基于企业内部视角，我们可以把战略控制点分为三个层次。

（1）成本效率

外部的客户体验虽然至关重要，但是如果不顾及内部的成本效率，就难以维持好的客户体验。企业的规模扩大后，成本效率问题会变得愈发重要。相比于同行具有低成本、高效率的比较优势是企业管理运营能力强的体现。西南航空、沃尔玛在早期获得快速发展的关键原因之一就是相比于同行具有低成本、高效率的优势。当然，如果企业对外可以为客户提供极致体验，对内能把成本效率做到极致，就难以被竞争对手超越。

（2）管理体系

企业在规模化发展阶段需要脱离对"个人英雄"的过度依赖并构建组织能力。企业在规模小的时候可以通过灵活的运作保持其特有优势，但规模大了以后就必须强化管理体系。运营效率和客户体验的提升最终都要依赖管理，这也是华为从 1998 年开始引入 IBM 等全球知名咨询公司帮助其建设管理体系的原因。华为的成功让我们看到了建立管理体系的价值所在，尤其是对规模化运作的企业来说。

（3）企业文化

企业要想做到持续卓越，就要建立优秀的企业文化。例如，华为倡导的"以客户为中心，以奋斗者为本，长期艰苦奋斗"的企业文化深入人心，并影响着每一位华为员工的日常行为，甚至打动了客户。如果没有积极的企业文化为牵引，企业就缺少了可持续发展的根基。很多企业都希望建立以客户为中心的管理体系，但由于缺少企业文化的支撑而难以达成目标。例如，美国鞋类电商企业美捷步在成立初期就通过"传递快乐"的企业文化给客户带来了极致体验，同时也推动了业务的持续成长，这让强大的亚马逊看到了威胁并最终收购了美捷步。

### 3. 市场表现

（1）客户关系

B2B业务领域的客户关系可以分为组织客户关系、关键客户关系和普遍客户关系。为了实现业务发展的可持续，企业要与客户在战略层面建立协同发展的深度合作关系。这种战略伙伴关系超越了简单的客户与供应商的买卖关系，这让企业有了更多的机会深度参与客户的核心业务，从而支撑企业的业务发展。

（2）市场份额

绝对领先的市场份额会给企业带来较大的影响力。这里所说的市场份额不仅包括数量，还包括质量，即对战略市场的覆盖和影响力。例如，在国内的搜索引擎领域，百度以极高的市场份额领先于竞争对手，使其市场地位难以被撼动；在社交软件领域，腾讯则一骑绝尘。

（3）品牌

企业只有从价格导向转向价值导向，才能真正成为行业领导者。有了品牌溢价，企业就可以把获得的利润进一步投入品牌建设，从而实现业务发展的正向循环。例如，华为手机目前已经跨越了性价比阶段，并建立了强大的品牌势能。小米公司在发展早期就一直注重手机产品的性价比，当前也在中高端市场发力，但在发展过程中必然会遇到诸多挑战。

### 4. 行业影响力

#### （1）资源整合

一家企业无法脱离产业链上下游而单独存在，资源整合能力的强弱影响着企业的发展。企业之间的竞争正在转变为价值链之间的竞争。行业领导者凭借其影响力往往可以获得优质的供应商及下游合作伙伴，得到的产品和服务往往也是优质低价的。但是，整合优质资源的根本还是要实现双赢：企业一方面要有能力强化对优质资源的有效整合，让优质资源为己所用，另一方面要有能力帮助优质的合作伙伴取得成功。

#### （2）构建生态

构建生态是企业建立难以复制的优势的更高层次选择。传统的上下游供需关系是相对容易被复制的，而生态的构建既需要实力也需要时间。苹果公司难以被快速超越，不仅是因为苹果公司在产品创新上具有强大的能力，更是因为它以产品为基础持续构建了整个商业生态。构建生态是很多大企业发展到一定阶段的关注重点。例如，华为目前正以鸿蒙操作系统为依托在手机等消费类市场建立生态体系，小米公司则通过投资及赋能的方式建立自己的生态体系。

#### （3）行业标准

行业标准已经成为科技产业竞争的焦点。谁掌握了行业标准制定权，谁就占据了行业的制高点。"一流企业做标准、二流企业做品牌、三流企业做产品"的说法早已广为流传。光靠产品好是不够的，当企业进一步走向行业领导者时，就会发现行业标准的重要性。行业标准可以带动一个产业的发展和成熟，能否参与行业标准制定往往意味着企业能否掌控产业话语权。要想建立对行业标准的影响力，企业就要在研发上持续投入：从技术领先到专利组合，再到参与行业标准制定。例如，华为和中兴在 5G 通信领域拥有大量的核心专利，对通信行业相关标准的制定也具有较大的影响力。

## 4.2.6 组织与人才

企业的业务运作依赖于组织与人才的保障，其中包括组织架构与优秀人才的获取。组织架构的内容将在第 8 章中展开讲解，这里简要说明人才的保障。

创业团队要重视对优秀人才的吸纳。无论小米公司还是字节跳动，优秀的企业在创业初期都把招募优秀人才作为一项关键工作。不过，我发现一些团队在创业初期并没有真正重视优秀人才的招募，其理由大多是创业初期没有办法招到优秀人才。其实，这在一定程度上是因为创始人不愿意稀释太多股份去招募优秀人才。另外，这些团队往往低估了创业过程中将要面对的挑战。

发展到一定阶段的企业，除了要保持对优秀人才的吸引力，更要有培养人才的能力。这时，企业要成为学习型组织并持续培养符合业务发展要求的人才，否则就难以跟上市场发展的步伐。

## 4.3 商业模式设计四步法：设计并优化商业模式

企业设计或优化商业模式的目的是找到更好的业务逻辑，进而赢得市场并获得商业成功。企业如何设计商业模式呢？面对市场机会，企业不应立刻陷入商业模式设计的细节，而要在审视当前市场环境的同时明确战略意图。

商业模式设计可以分解为四个典型步骤——洞察市场机会、明确战略意图、设计商业模式、评估与优化（见图 4-9）。

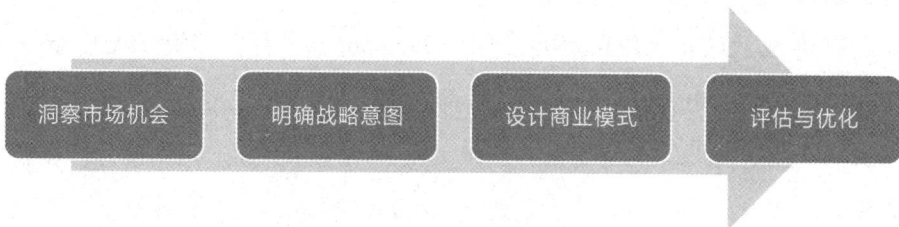

图 4-9　商业模式设计四步法

## 4.3.1　洞察市场机会：理解市场环境，洞察创新机会

第 2 章已经介绍了有关如何洞察市场机会的内容，这里重点说明如何理解市场环境。理解市场环境涉及两个方面：一方面要看清宏观环境，另一方面要深入理解具体产业链的发展（见图 4-10）。

图 4-10　市场环境分析

宏观环境分析是基于战略视角看外部环境的现状及变化趋势对业务机会的影响。PEST 分析法是常用的宏观环境分析方法之一，我们可以使用该方法从政治（Politics）、经济（Economic）、社会（Society）、技术（Technology）四个方面分析企业的外部宏观环境。PEST 分析法的核心是找到影响产业链发展的关键要素并理解其发展动态。例如，对新能源汽车产业来说，政策法规和技术进步是要重点关注的要素，相关企业需要对相关要素进行动态监控。

产业链分析则是在宏观视角的基础上做进一步分析，分析产业链上下游各主要环节在关键驱动力（如客户需求、技术创新、行业竞争、政策法规等）作用下的现状及正在发生的变化（参见第 2 章中对汽车产业链的分析）。

此外，企业还要分析当前业内已经存在的各种典型的商业模式，从而保证在设计新的商业模式时能做到扬长避短。

## 4.3.2　明确战略意图：想要达成什么样的业务目标

没有普适性的商业模式，企业在设计商业模式时要充分结合自身的战略意图。例如，在通信领域，备受关注的除了华为，还有美国的高通。高通之所以受到关注，一方面是因为其行业影响力较大，另一方面是因为其相对独特的商业模式。高通当前的核心业务有两项——专利授权和芯片。当然，相对于成立初期，高通的商业模式已历经多次演化，但其核心业务模式依然得到了延续。在成立之初，高通面临两种业务模式的选择：一是成为技术授权商，二是成为产品制造商。当时经过内部讨论，高通最终决定尝试技术授权的商业模式。

"我们争论着哪个合理的商业计划能使我们获得成功。当然，有人会考虑试着抓住任何机会，自己制造。最终，我们决定尝试技术授权，但客户中必须包括主要的制造商。"

——高通公司联合创始人兼 CEO 艾文·雅各布斯（Irwin Jacobs）

企业的战略意图也会体现在企业的使命愿景当中。例如，小米公司成立时就有一个宏大的理想：改变商业世界中普遍低下的运作效率。雷军希望小米公司成为一家世界级的伟大企业，并像鲶鱼一样推动各行各业的进步和发展，通过互联网帮助制造业转型升级。现在来看，小米公司的商业模式设计确实体现了雷军当初的战略意图。

## 4.3.3　设计商业模式：以机会为核心设计商业模式

企业在设计商业模式时，既要对商业模式的六个关键要素进行整体思考，又要对现有商业模式有所突破，例如，更好地解决客户体验与成本效率之间的矛盾，或者突破业务规模的局限等。下面对与制造业相关的三个商业模式案例进行分析，案例中的企业分别是小米公司、石头科技和安克创新。

**案例** 小米公司：构建以智能手机为支点的商业生态

成立于 2010 年的小米公司到底是一家硬件公司还是一家互联网公司？这个问题的核心在于小米公司的商业模式。在不同商业模式下小米公司的估值也会大不相同，作为硬件公司时的估值空间会远小于作为互联网公司时的估值空间。2018 年，在小米招股说明书的董事长公开信中，雷军明确写道："小米不是单纯的硬件公司，而是创新驱动的互联网公司。具体而言，小米是一家以手机、智能硬件和 IoT 平台为核心的互联网公司。"

小米公司从 2010 年成立至今已经创造了很多亮眼的成绩，当然也面临着诸多挑战。

- 2010 年 4 月，小米公司正式成立。

- 2011 年 8 月，小米手机正式发布。

- 2012 年，小米公司年营收突破 100 亿元人民币。

- 2014 年，小米手机在国内市场出货量排名第一。

- 2015 年，小米公司开始了持续两年的低增长。

- 2017 年，小米公司再次进入高增长阶段，年营收突破 1 000 亿元人民币。

- 2018 年 7 月，小米公司正式在香港交易所上市，成为港交所上市制度改革后首家采用不同投票权架构的上市企业；当年，小米公司年营收达到 1 749 亿元人民币。

- 2019 年，小米公司首次进入《财富》杂志世界 500 强榜单，成为最年轻的上榜企业。

- 2022 年，经历了连续多年的业绩增长后，上半年小米公司的总营收和利润双双下滑，小米公司面临着新的挑战。

小米公司仅用了 7 年的时间便成为年营收达到千亿元级别的企业，用了 9 年时间便进入世界 500 强。小米公司的商业模式既不是典型的互联网模式，也不是主流的产品与服务销售模式。小米公司的商业模式不断演化，横跨制造业、互联网、新零售和投资，实现了多业务协同发展。小米公司的商业模式可谓博采众家之长，包括向海底捞学习口碑模式、向同仁堂学习做货真价实的好产品、向沃尔玛和开市客学习模式创新及高效运作，当然它还有一个避不开的学习对象——苹果公司。

虽然小米公司在发展过程中面临诸多挑战，我们也难以准确预测 10 年后甚至 5 年后它会处于什么样的市场地位，但它成立至今的成功经验已经值得很多企业学习。下面基于商业模式的六要素模型解析小米公司的商业模式（见图 4-11）。

战略控制点
- "铁人三项＋投资"的商业模式
- 管理运营：专注、极致、口碑、快

价值创造      价值交换

- 小米公司专注于把手机等少量的核心产品和服务做到极致，生态链企业则分别专注于做好自己擅长的产品，从而形成较高水准的产品及业务组合

客户选择与价值定位
- 初期锁定一批手机"发烧友"，然后进一步扩展用户群，提供极致性价比产品
- 通过"硬件＋软件＋互联网"构成的"铁人三项"组合为客户提供价值；后续进一步演化为"硬件＋互联网＋新零售＋投资"的组合模式

- 经营粉丝，让用户有参与感，并通过持续推出爆品形成口碑传播
- 高效的零售体系：自有电商平台+第三方电商平台+线下门店

收益获取
- 通过极致性价比产品吸引大量用户，然后通过互联网业务盈利
- 对生态链企业进行投资获取投资收益

组织与人才
- 创业初期寻找优秀的人才组建核心团队
- 投资具有"好产品"基因并认同小米经营理念的创业团队，使其成为生态链企业
- 对生态链企业赋能的同时也给予竞争压力，让整个组织处于激活状态

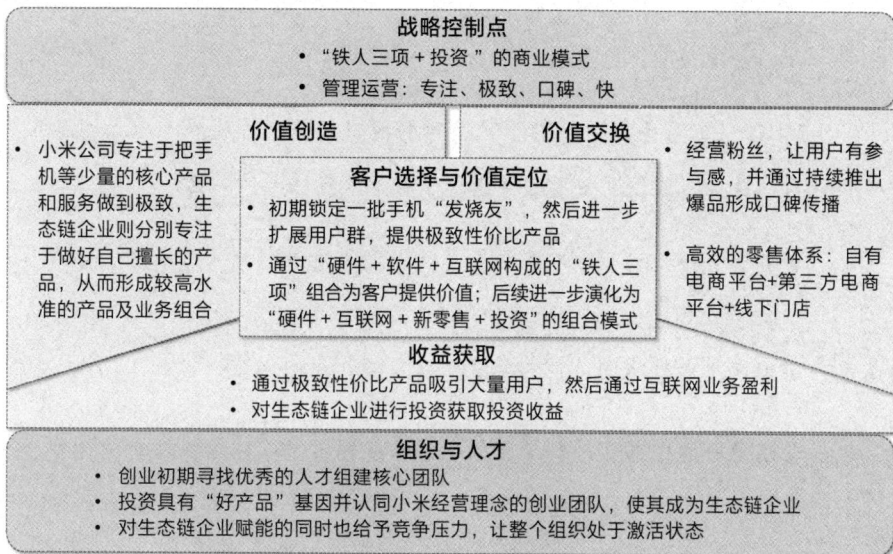

图 4-11 小米公司的商业模式解析

（1）客户选择与价值定位

早期的小米手机采用高性价比策略，并瞄准手机"发烧友"群体，提出了"为发烧而生"的价值主张。面对苹果、三星、华为等强大的竞争对手，小米手机凭借其高性价比的市场定位开启了自己的"逆袭"之路。之后，小米公司的核心产品从手机进一步扩展为手机、电视机、路由器和人工智能音箱等，并开始构建自己的商业生态。整体的业务组合也由"硬件＋软件＋互联网"构成的"铁人三项"逐步演化为"硬件＋互联网＋新零售＋投资"。

（2）价值创造

小米公司在成立初期通过 MIUI 系统聚集了一批手机"发烧友"，然后让这些"发烧友"深度参与 MIUI 的迭代过程。小米公司专注于把手机等少量的核心产品和服务做到极致，生态链企业则专注于做好自己擅长的产品。各个团队既专注于自己的核心产品，又实现了产品的体系化覆盖，因而有效地平衡了"战略聚焦，做深做透"和"快速扩张，完

善业务布局"这两个看似矛盾的战略举措。

### （3）价值交换

MIUI 系统为手机业务打下了坚实的用户基础。以粉丝为推动力的口碑营销及全方位的高效零售渠道成了整个营销体系的关键。

- 经营粉丝，让用户有参与感，通过持续推出爆款产品推动口碑传播，建立良好的用户基础。
- 高效的零售体系：自有电商平台＋第三方电商平台＋线下门店。

营销渠道的打通为顺利孵化生态链企业提供了基础保障。有了这种保障，小米公司在选择生态链企业时可以更加聚焦产品和技术能力，这反过来也进一步强化了生态链企业对小米平台的依赖。

### （4）收益获取

- 通过极致性价比产品吸引大量用户，然后通过互联网业务盈利。当然，产品销售依然是小米公司的主要盈利点。
- 小米公司的整个商业生态形成闭环后，其孵化新企业的能力也变强了。与一般的投资机构相比，小米公司的投资收益率更高。随着生态链企业的不断发展壮大，投资收益将成为小米公司的重要盈利来源。

### （5）战略控制点

- "硬件＋互联网＋新零售＋投资"模式中的四种业务相互协同，该模式的复杂性大大提高了被其他企业复制的难度。
- 在日常经营中贯彻"专注、极致、口碑、快"的理念，每个团队都专注于打造爆款产品。

### （6）组织与人才

组织能力的提升是一个需要持续关注的重点。小米公司先把模式

"跑通"，然后赋能生态链企业，包括供应链、营销平台资源的共享等，从而让生态链企业只要做出好产品就能大概率获得成功。

- 创业初期采用精兵策略，寻找优秀的人才组建核心团队。
- 投资具有"好产品"基因且认同小米公司经营理念的创业团队，将其纳入生态链，并对生态链企业赋能。
- 对生态链企业保持适度的开放竞争策略，让整个组织处于激活状态。

---

案例 石头科技：背靠大树而崛起的后起之秀

2014 年创立的石头科技是一家以智能清洁机器人为主营业务的公司。其发展过程中的里程碑事件大致如下：

- 2014 年 7 月，石头科技成立；
- 2014 年 9 月，石头科技获得小米公司的投资，成为小米生态链企业的一员；
- 2016 年 9 月，石头科技推出第一款产品——米家扫地机器人，当年总营收达到 1.83 亿元人民币；
- 2020 年 2 月，石头科技登陆上交所科创板，当年总营收达到 45.3 亿元人民币。

表 4-5 是石头科技的历年营收数据。

**表 4-5　石头科技的历年营收数据**

| 年份 | 营收（万元） | 营收增长率 | 净利润（万元） | 净利润增长率 |
|---|---|---|---|---|
| 2016 | 18 312.70 | — | -1 123.99 | — |
| 2017 | 111 881.76 | 510.95% | 6 699.62 | 696.06%* |
| 2018 | 305 125.04 | 172.72% | 30 758.78 | 359.11% |

（续表）

| 年份 | 营收（万元） | 营收增长率 | 净利润（万元） | 净利润增长率 |
|------|------------|----------|-------------|------------|
| 2019 | 420 490.20 | 37.81% | 78 285.87 | 154.52% |
| 2020 | 453 043.87 | 7.74% | 136 941.49 | 74.92% |
| 2021 | 583 705.13 | 28.84% | 140 247.61 | 2.67% |

注：上一年净利润为负值时，净利润增长率＝（本年净利润－上一年净利润）÷ 上一年净利润绝对值 ×100%。

石头科技 2016—2021 年与小米公司强关联的营收占主营业务收入的比例分别为 100%、90.36%、50.17%、34.27%、9.27%、1.18%，具体金额分别为 1.83 亿元、10.11 亿元、15.31 亿元、14.41 亿元、4.20 亿元和 0.69 亿元。石头科技于 2016 年 9 月推出首款产品，不到半年就依托小米公司实现了 1.83 亿元的营收，这对很多初创企业来说都是一个高不可攀的业绩。在解决了生存问题之后，石头科技开始强化自主品牌建设。2019 年，石头科技实现了自有品牌占主导。2021 年，石头科技自有品牌营收占比达到 98.80%。

石头科技的商业模式如图 4-12 所示。

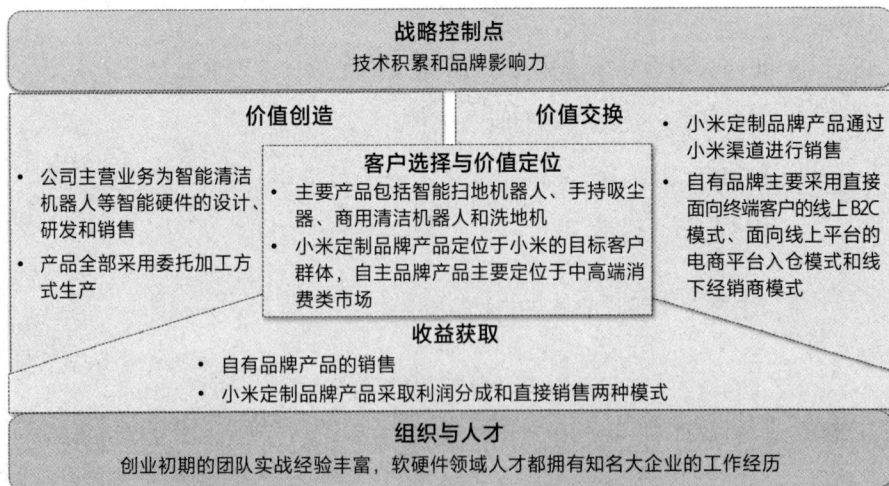

**战略控制点**
技术积累和品牌影响力

**价值创造**
- 公司主营业务为智能清洁机器人等智能硬件的设计、研发和销售
- 产品全部采用委托加工方式生产

**价值交换**

**客户选择与价值定位**
- 主要产品包括智能扫地机器人、手持吸尘器、商用清洁机器人和洗地机
- 小米定制品牌产品定位于小米的目标客户群体，自主品牌产品主要定位于中高端消费类市场

- 小米定制品牌产品通过小米渠道进行销售
- 自有品牌主要采用直接面向终端客户的线上B2C模式、面向线上平台的电商平台入仓模式和线下经销商模式

**收益获取**
- 自有品牌产品的销售
- 小米定制品牌产品采取利润分成和直接销售两种模式

**组织与人才**
创业初期的团队实战经验丰富，软硬件领域人才都拥有知名大企业的工作经历

图 4-12　石头科技的商业模式

石头科技的商业模式演进有三个关键点：

- 在成立初期加入小米生态链，借助小米平台实现快速成长；

- 在市场快速发展初期及时推出有竞争力的产品；

- 在完成技术能力及市场影响力的积累之后，积极推广自有品牌并进入扫地机器人行业的第一阵营。

---

**案例**　安克创新：一家靠电商平台崛起的中国制造企业

成立于 2011 年的安克创新致力于打造消费电子领域的领导品牌。其发展历程中的关键里程碑事件如下：

- 2011 年，湖南海翼电子商务有限公司注册成立，同年 Anker 品牌在美国加利福尼亚州注册；

- 2012 年，深圳研发中心成立；

- 2015 年，Anker 获得亚马逊颁发的"杰出中国制造奖"；

- 2017 年，公司名称变更为"安克创新科技股份有限公司"；

- 2019 年，Anker 位列当年 Brand Z 中国出海品牌 50 强第 10 名，并连续 3 年进入前 10 名；

- 2020 年，安克创新在 A 股创业板上市，当年总营收达 93.50 亿元人民币；

- 2021 年，安克创新总营收达 125.74 亿元人民币，净利润达 9.82 亿元人民币，与上一年相比分别增长 34.45% 和 14.70%。

安克创新成立之初是一家依托于亚马逊电商平台的电子商务公司。当时，安克创新瞄准的机会是亚马逊电商平台上需求快速增长但还没有优秀产品供应的品类。安克创新选择从充电类产品切入（第一个选品是笔记本电脑电池），在实现营收快速增长的同时强化产品的持续改进，并打造细分领域的领导品牌。

目前，安克创新已经实现了多品牌布局，包括定位为全球高品质智能充电专家的 Anker 品牌、定位为专业音频设备的 Soundcore 品牌、立足于智能家居领域的 eufy 品牌及专注于影音娱乐的 Nebula 品牌等。安克创新虽然在国内知名度不高，但其在全球市场具有较大的影响力，2021 年总营收已经超过 100 亿元人民币。在经济环境复杂严峻的 2022 年上半年，安克创新仍然实现了营收和利润双增长。

安克创新的商业模式如图 4-13 所示。

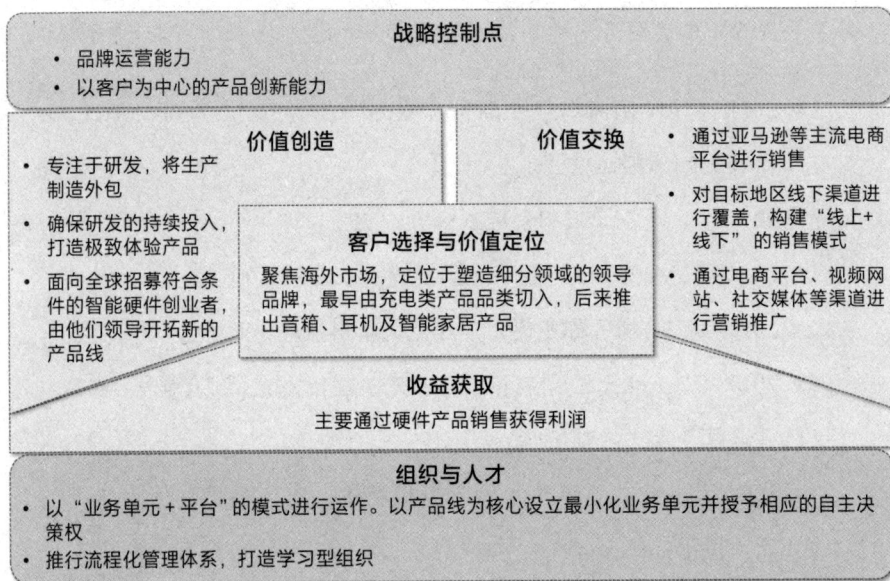

图 4-13　安克创新的商业模式

安克创新的商业模式的亮点可以总结为"产品的创新能力 × 品牌运营能力"。不同于小米公司的业务扩张思路，安克创新进行品类扩充时并没有使用投资生态链企业的方式，而是推行"创业者集结计划"。安克创新寻找"创业者"（即新品类的负责人）加入安克创新，为其配备团队并提供品牌出海的运营方法，从而不断打造出 10 亿元营收级别的新出海品牌。

---

## 4.3.4　评估与优化：新的商业模式是否可以顺利运转

为什么新的商业模式总是被寄予厚望，但往往又难以成功呢？

所有企业都希望从一开始就设计出完美的商业模式，但随着新的商业模式的落地，往往会发现实施新的商业模式会遇到诸多挑战。这其中有三个关键原因：一是早期的认知难免存在局限性，企业需要在实施过程中及时纠偏；二是市场总是动态变化的，企业需要根据市场变化对商业模式进行动态调整；三是企业设计商业模式时往往会重点关注终局，但实施是一个从启动到完善的过程。例如，雷军在小米公司创立初期对其商业模式的设想是"软件 + 硬件 + 互联网"的"铁人三项"模式，但具体的实施过程是从 MIUI 系统到手机，然后才逐步过渡到"铁人三项"模式，后来又优化为"硬件 + 新零售 + 互联网 + 投资"的模式。

由于实施新的商业模式会遇到诸多挑战，因此请有经验的专家及决策团队对商业模式设计进行再评估就显得尤为重要。评估时团队可以结合本章介绍的商业模式六要素模型及对应的市场分析和执行策略对商业模式进行总体评估。整个评估过程将考验团队对市场的洞察力及其商业思维能力。即使无法确保在这个环节能识别出商业模式设计中的所有问题和风险，也可以获得具有建设性的评估建议。

企业需要理性看待商业模式创新，既不要忽视商业模式创新的价值，也不要对其期望过高，否则就容易陷入"当初期望有多高，后来失望就有多大"的尴尬境地。许多企业家对自身业务发展的天花板及跨界竞争备感焦虑，同时不断看到商业模式创新的成功案例，于是开始对商业模式创新寄予厚望，迫切希望通过商业模式创新实现业务突破。其实，商业模式的核心不在于创新，而在于找到适合自身业务运作的最佳逻辑。

企业必须理性判断商业模式创新是不是当务之急。企业要认真分析当前的业务现状，判断业务发展的关键瓶颈是商业模式的问题还是既定商业模式下的战略与执行问题。如果整个组织的执行能力较弱，那么即便重新设计商业模式，往往也无济于事。

不同的企业应关注的业务重点有所不同，如表4-6所示。

表4-6　不同的企业应关注的业务重点

| 企业分类 | 企业应关注的业务重点 |
| --- | --- |
| 大多数传统企业 | • 先做好资源聚焦，练好内功，避免在市场竞争中被淘汰，力争在细分领域内成为领先企业<br>• 定期审视外部环境及自身商业模式，寻找重塑商业模式的机遇并在小范围逐步尝试 |
| 细分领域领先企业 | • 跨行业对标优秀标杆企业，进一步巩固现有核心竞争力，拉开竞争对手与自身的差距<br>• 通过拓展新的业务领域或进行商业模式创新突破现有业务的天花板 |
| 新兴初创企业 | 洞察市场并找到市场机会，通过商业模式创新取得较好的创业起点，在生存中求发展 |

需要注意的是，表4-6中提供的建议仅考虑了一般情况，无法兼顾每一家企业的特殊情况。企业遇到商业模式重塑问题时需要针对具体问题做具体分析。

## ▰▰▰ 本章小结

从商业模式的角度来说，企业获得成功通常有两条典型路径可选：第一条路径是在既定游戏规则下把产品或服务做得比竞争对手更好，从而赢得市场，但选择这条路径往往要面对激烈的市场竞争，而且需要很长时间的积累；第二条路径则是借助商业模式创新改变游戏规则，从而更快地获得竞争优势。

本章解析了商业模式的六大关键要素——客户选择与价值定位、价值创造、价值交换、收益获取、战略控制点、组织与人才，并阐述了商业模式设计四步法——洞察市场机会、明确战略意图、设计商业模式、评估与优化。

# 第 5 章

# 评估与决策：
# 风险与收益的抉择

面对众多的市场机会，企业如何评估与决策将直接影响其业务发展。正确的决策可以让企业把有限的资源集中在合适的业务上；错误的决策不仅会导致资源的浪费，甚至会影响到企业的存亡。面对市场机会，企业应该如何评估与决策？本章将重点阐述对项目进行评估与决策的基本方法和原则。

# 5.1　企业的发展就是不断做机会选择的过程

企业的发展过程其实就是不断针对市场机会做选择的过程，不过这个过程也考验着决策层对市场机会的决断能力。企业抓住了机会，可能就进入了发展的快车道，甚至可以实现弯道超车。联发科当前在智能手机领域的影响力虽然不及高通，但是它的实力仍然不可小觑。下面看看联发科在发展早期是如何抓住手机芯片这个市场机会的。

**案例**　联发科发展初期的市场机会选择

　　联发科于 1997 年创立，初期有 VCD 机芯片和 CD 机芯片两条业务线。不过，VCD 机芯片因推出时间太晚而缺乏竞争力，所以最终被联发科放弃。联发科虽然在 CD 机芯片市场也要面对诸多竞争对手，但是其充分发挥了降本增效的能力，把 CD 机芯片从原来的三颗减少至两颗，直到最后减少至一颗。低成本、高性能的产品让联发科赢得了一半以上的市场份额，成了行业的领导者。从 CD 机芯片到后来的 DVD 机芯片，联发科均凭借产品竞争力的提升最终做到了后来者居上。

2000 年，联发科在寻找新增长点时看到了手机芯片这个市场机会。经过评估，联发科发现手机芯片市场对联发科的未来发展至关重要。不过，当时联发科面临到底是切入 2.5G 手机芯片市场还是 3G 手机芯片市场的问题。此时，3G 已经箭在弦上（3G 于 2001 年开始在全球商用），但这种技术从欧洲普及到新兴市场需要 5~10 年的时间。与此同时，我国的 3G 刚起步，与欧洲相比，还有很大的差距。而 2.5G（GSM）在 2000 年时已经相对成熟（GSM 从 1991 年开始在欧洲率先商用），而且在新兴市场仍然有非常大的市场空间。基于上述考虑，联发科决定切入 2.5G 手机芯片市场，并最终凭借一站式手机芯片解决方案在国内市场取得了非常好的成绩。

---

无论创业团队还是行业领导者，都要面对市场的变化。市场环境的加速变化既带来了机会，也带来了风险。

回顾成功企业的发展历程，它们似乎总能顺势而为地抓住发展机遇，但实际上相关的决策过程充满了挑战。回顾华为 30 多年的发展历程，大多数人都会感叹华为抓机会的能力之强。但是，即使是任正非这样的企业家，在面对重大机会做业务决策时也会战战兢兢。任正非在 2014 年与内部专家的座谈会上曾提到面对市场机会做决策时的内心煎熬："我们在追赶的时候是容易的，但在领队的时候不容易，因为不知道路在哪儿。我当年精神抑郁，就是为了一个小灵通，为了一个 TD，我痛苦了 8~10 年。我并不怕来自外部的压力，而是怕来自内部的压力。我不让做，会不会使公司走向错误、崩溃？做了，是否会损失争夺战略高地的资源？"

# 5.2　项目评估与决策

要对项目进行评估与决策，就要明确什么样的机会是好机会。企业可以先明确理想的市场机会，从而为现实中项目的评估与决策提供方向性的指引。理想的市场机会一般具备五个特征：行业有空间，客户有痛点，对手有盲区，自身有能力，业务有关联（见图 5-1）。

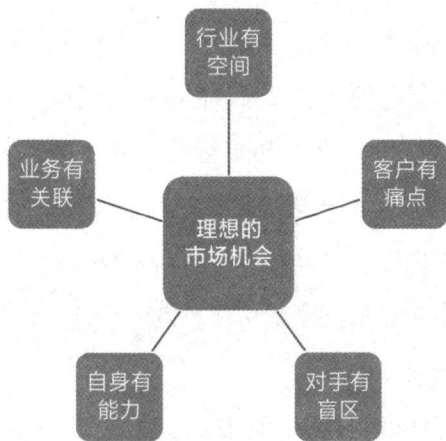

图 5-1　理想的市场机会的五个特征

也就是说，如果一个市场机会同时具备图 5-1 中的五个特征，就是理想的市场机会。当然，现实中的市场机会往往存在各种缺憾，总是收益与风险并存。如何在这样的现实情况中对市场机会进行评估与决策呢？企业要重点回答三个方面的问题。

- **商业价值评估**：该市场机会有很大的市场吸引力吗？我们的综合竞争力

如何？

- **业务构想评估**：相应的产品或服务能够匹配客户需求且具有竞争力吗？相应的商业模式设计是否合理？

- **执行策略评估**：确保业务成功实施的关键策略是什么？相应的关键策略能否支撑目标的达成？

## 5.2.1 项目评估与决策的三个要点

### 1.商业价值评估：关注市场机会的吸引力和自身的综合竞争力

有些机会属于未来，短期内不具备形成产业的条件；有些机会则面临产业链不成熟、需要长期培育等挑战，企业仅凭自身有限的资源和能力难以长期坚持下去。如果遇到上述情况，企业就要慎重考虑。

3D 电视曾经火爆一时，但经历短暂的火爆后就销声匿迹了。这一现象背后的根本原因是产业链不成熟导致用户体验不佳，如视频资源少、长时间观看容易疲劳等。因此，早早针对 3D 电视这样的市场机会进行布局并不明智。不过，随着客户体验问题的解决，3D 技术会真正爆发，悬念只在于到底会从哪个应用场景开始爆发。

企业应该如何评估市场机会的商业价值呢？关键是要先回答两个问题。

- **市场吸引力**：该市场机会是否具有市场吸引力？
- **竞争地位**：我们的资源和能力与竞争对手相比是否具有比较优势？

这一阶段的评估与决策本质上是投资决策。回答上述两个问题类似于投资机构进行风险投资时对赛道价值和团队能力两个方面进行评估。赛道价值就是市场机会所对应的细分市场本身的价值，而团队能力直接关系到团队能否把项目做成。

战略定位分析（SPAN）矩阵是一个常用的市场机会评估与决策工具。SPAN 矩阵通过市场吸引力和竞争地位两个维度把市场机会划分成四个区间。我们可以把洞察到的多个市场机会映射到 SPAN 矩阵中，对其做进一步的评估。

假设我们在市场机会识别阶段看到了七个市场机会（对应的编号从 A 到 G），并通过进一步分析得到图 5-2 所示的 SPAN 矩阵。图 5-2 中有两条坐标轴，纵向是市场吸引力，横向是竞争地位，圆形的面积大小表示市场机会的相对规模。

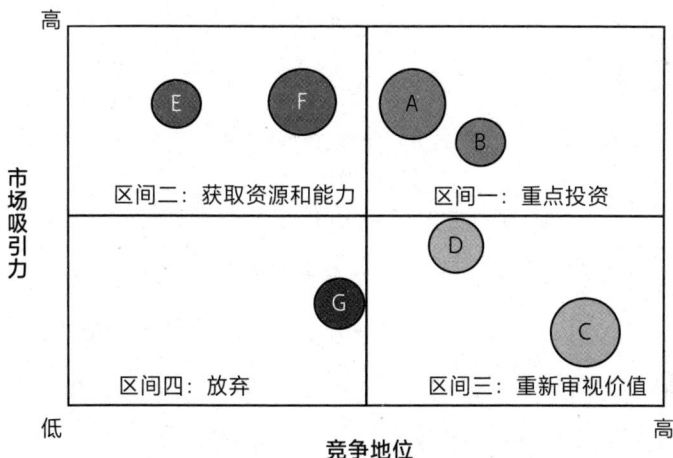

图 5-2　SPAN 矩阵

回顾联发科的案例，如果在 2000 年用 SPAN 矩阵粗略地评估 2.5G 手机芯片和 3G 手机芯片这两个市场机会，就会发现：对联发科来说，相应的市场机会分别位于区间一和区间二（该判断在一定程度上会受到个人主观因素的影响）。

每一家企业都希望优先选择区间一的市场机会，但现实情况往往是区间一的市场机会还不足以满足企业的整体发展诉求。这时，企业也要关注区间二和区间三的市场机会。企业应该如何思考不同区间的市场机会呢？

（1）区间一：核心挑战在于对应的市场机会是否真正属于这一区间

对于区间一的市场机会，难点不在于商业价值评估，而是判断其是否真正属于这一区间。例如，在共享经济、AR 和 VR 等概念盛行的时候，很多相关的市场机会都被归类为区间一。但是，从当前的结果来看，有些市场机会明显被高估了。企业往往会过于乐观地估计市场机会的价值，否则就不会有那么多的失败案例了。

企业可以通过重点思考以下问题进一步提升对市场机会的判断力。

- 相关市场机会属于区间一的关键依据是什么？
- 我们是否在内部进行过深入的分析和讨论？
- 我们是否与多个目标客户做过交叉验证？
- 我们的相关判断与第三方的判断一致吗？如何看待其中的差异？

（2）区间二：核心挑战在于面对诸多竞争对手时如何脱颖而出

对于市场吸引力较高，但是企业资源和能力匹配度不是特别高的市场机会，决策的关键在于企业能否相对快速地弥补资源和能力短板。这时，企业需要思考如何提升自身竞争力、如何做好资源准备并充分评估新业务的战略价值。此时，企业需要思考的关键问题如下。

- 我们可以弥补资源和能力短板吗？
- 我们可以在激烈的市场竞争中达成目标吗？有关键策略作为支撑吗？
- 新市场机会对应的战略价值是什么？
- 如果放弃这个机会，会产生什么损失？

（3）区间三：对于企业有能力但是市场吸引力低的机会，要重新审视其价值

区间三的市场机会虽然总体吸引力不强，但由于企业自身拥有优势及

可以带来营收增长等原因，因此也常常会被企业决策通过。不过，团队有必要换个思路重新审视市场机会的价值，例如，思考是否可以通过重塑商业模式提升市场机会的吸引力。

此时，企业需要思考的关键问题如下。

- 我们是否可以通过商业模式创新提升市场机会的价值？
- 如果放弃这个机会，会产生什么损失？

阿里巴巴联合多家物流企业成立了菜鸟网络。菜鸟网络通过全新的商业模式重构了物流业务，构建了以数据驱动和社会化协同为基础的智慧物流平台。京东则通过自建物流的方式提升了客户体验：当天早上在京东下单购买的很多产品可以在当天下午送达。这样的极致物流体验进一步促进了京东业务的发展。阿里巴巴和京东都把物流与自身业务做了深度融合，实现了"1+1 > 2"的效果。由此可见，同样的市场机会在不同的商业模式设计下呈现出的商业价值有很大的不同。

（4）区间四：对于既没有市场前景又没有竞争优势的市场机会，要果断放弃

如果市场机会确实属于区间四，就要果断放弃。类似于区间一，决策的关键是相应的市场机会是否确实属于区间四。

此时，企业需要思考的关键问题如下。

- 该市场机会确实属于区间四吗？
- 该市场机会是否真的没有更多的价值可以挖掘？
- 是否有企业正在很好地利用相应的市场机会？

企业对市场机会进行评估与决策时，往往会重点思考相应的项目可以带来多少营收，但有些项目收益不大却有一定的战略价值。克莱顿·克里

斯坦森（Clayton Christensen）在《创新者的窘境》一书中讲述了大型钢铁厂的市场被小型钢铁厂蚕食的案例，大型钢铁厂在这个过程中乐于让出低利润市场，最终结果是大型钢铁厂被取代。华为当初创立互联网手机品牌有一个核心目的：在低端市场打造护城河，从而保护自身的高端市场。可见，有时企业进入并维护低端市场不仅是为了盈利，更是为了实现其他的战略意图。

有一次，我在广交会上遇到了一家做行李箱的企业。当时，我和该企业的负责人聊起了小米公司，对方说小米公司找过他们，但是最终考虑到与小米公司合作的利润太低就放弃了。我不知道那家企业根据下面的关键问题反向思考与小米公司合作的机会后，是否会做出不一样的选择。

- 放弃合作是否意味着错过了品牌曝光的大好机会？
- 放弃合作是否意味着错过了学习互联网打法的机会？
- 如果同行企业抓住这个机会，是否会对行业产生较大的影响？

当然，那家企业思考完上述问题后也许依然会放弃与小米公司合作的机会。反向思考的核心目的是把那些有战略价值的市场机会识别出来。

为了更加有效地评估市场机会，我们可以对市场吸引力和竞争地位两个维度做进一步分解。

- 市场吸引力。
  - 规模与增长：市场规模有吸引力吗？其增长速度如何？
  - 盈利空间：目标市场的盈利空间如何？
  - 战略价值：市场机会的战略价值是什么？
  - 进入时机：目前是进入目标市场的合适时机吗？
  - 需求强度：我们关注的核心需求具有高频、刚需的特征吗？

- 竞争地位。
  - 关键成功要素提炼：相关业务的关键成功要素有哪些？（可能涉及产品、技术、品牌、渠道、管理能力等方面，要结合具体行业进行分析。）
  - 自身在关键成功要素方面的相对能力水平如何？

## 2. 业务构想评估：关注产品或服务的整体构想与市场机会的匹配度

业务构想评估的关键是看产品或服务与市场需求的匹配度及对应的市场竞争力。企业要从需求和竞争力两个方面回答以下关键问题。

- 产品或服务的应用场景是什么？
- 产品或服务的市场定位与目标市场精准匹配吗？
- 商业模式设计是否合理？

对于应用场景，往往要结合市场机会识别阶段所分析的场景做进一步的细化。当然，这考验着企业对客户应用场景及相关业务的理解深度。

从市场定位的角度来说，新产品或新服务很难在各个方面都全面超越竞争对手。此时的关键是结合市场需求和竞争格局找到一两个最核心的点，然后做到对客户有足够的吸引力。这里继续以联发科为例阐述市场定位的相关要点。联发科切入 CD 机芯片市场后，非常重视产品竞争力的提升，一方面花精力提升芯片的集成度（把原来的三颗芯片整合为两颗芯片，最后整合为一颗芯片），另一方面不断提升芯片的性能并降低价格。最终，其 CD 机芯片的市场占有率超过了 50%，成了市场的主导者。联发科进入手机芯片市场后，把 MP3 功能整合进了手机芯片，提升了手机芯片的集成度。后来，联发科又在手机芯片的底层软件上进行布局，实现了手机芯片"硬件 + 软件"的一站式解决方案。该解决方案帮助众多企业降低了手机研发的难度，把整个手机的研发周期由 9~10 个月缩短为 3~5 个月。联发科的手机芯片一站式解决方案彻底释放了中小企业的活力，深圳的一大批手机企业得以快速发展，联发科也借此在国内手机市场奠定了其市场地位。

对于商业模式的评估，尤其要重点关注商业模式设计的六要素模型及商业模式的推进节奏，具体请参考第 4 章的相关内容，这里不再赘述。在不确定性较高的市场中进行创新时，企业要探索客户需求并寻找最佳商业模式，这是一个持续试错迭代的过程。

### 3. 执行策略评估：关注确保业务实施的关键策略对目标达成的支撑

市场机会本身很有商业价值，相应的产品或服务构想也与目标市场相匹配，但项目最终仍然可能由于具体的执行问题而失败。因此，对于一个既定的市场机会和业务构想，企业采用什么执行策略同样十分关键。

此时，企业要回答另一个关键问题：确保业务成功实施的关键策略是什么？这个关键问题可以进一步分解为以下问题。

- 如何保障产品或服务的实现？
- 如何设定产品或服务的关键里程碑？
- 整个开发过程需要投入什么资源？
- 相应的营销目标及策略是什么？
- 产品的生产策略是什么？
- 服务策略是什么？
- 需要引入哪些新的外部资源？

当然，对于具体项目要做有针对性的分析。思考执行策略的目的不是罗列各个方面的细节，而是抓住可能影响项目成败的要点。例如，一家初创企业的产品和技术本身没有问题，但由于资金链紧张，此时其融资策略、新产品的生产策略及营销策略等都可能决定它的存亡。

> **案例**　执行策略出问题导致企业错失良机
>
> 　　一家专注于口腔耗材的企业在某项目立项评估阶段重点关注了市场机会的商业价值及对应的新产品市场定位，但是对具体的落地执行策略关注不足。按照立项阶段制订的计划，项目团队在半年内就会把新产品推向市场。但是，在该项目进行过程中，制造工艺的问题导致项目不断延期，最终该企业错失了市场机会窗口。
>
> 　　后来，该企业对这一项目进行复盘，发现这个项目遇到的工艺问题完全可以避免，因为企业依靠内部的专家资源完全有能力提供相应的解决方案。由此可见，企业在项目评估时要加强对关键执行策略的评估并关注主要风险。

## 5.2.2　给决策者的六个建议

　　对项目机会进行评估与决策的具体形式是多种多样的。例如，亚马逊采取为创新项目写新闻稿的方式辅助决策，华为则主要采用以多维度分析为基础的立项报告形式支撑决策。当然，有些企业只靠领导者的直觉进行决策。对市场机会的决策有时会有一定的运气成分，但成功无法长期依赖运气。高质量的决策一方面依赖决策者对市场的理解深度，另一方面则依赖决策者的商业直觉。

　　不同项目的决策重点会有所不同，决策者要灵活应对。例如，有些项目的目标是实现短期盈利，有些项目则关注长期价值，有些项目成功与否的关键是进入市场的时间窗口及如何避开激烈的竞争等。另外，有些项目的不确定性较大，决策者需要在信息不充分的情况下进行决策，这是很有挑战性的。

不管采用何种方式进行决策，总会有一些需要决策者重点关注的基本原则，这里为决策者提供六个建议。

### 1. 长期价值：思考企业应该关注的长期价值是什么

在起步阶段，企业的首要任务当然是活下来。但是，如果企业一直不关注长期价值，恐怕就要永远处于思考如何活下来的阶段。从长期来看，企业不能仅仅因为有了创新的点子或可以实现短期盈利就进入某个行业，而要思考希望在哪些领域构建自己的核心竞争力，构建什么样的核心竞争力，以及新的业务是否具有长期价值。只有从这个角度出发，我们才可以理解为什么优秀的企业不会因为赚快钱的机会而心动。

企业应该如何聚焦长期价值呢？这就要关注产业链的价值分布及价值的流动。

（1）不同产业链之间及同一产业链的不同环节之间存在明显的价值差异

1992 年，宏碁集团创始人施振荣提出了著名的微笑曲线：在一个产业链中，研发和营销环节通常具有较高的附加价值，而生产制造环节的附加价值相对较低（见图 5-3）。

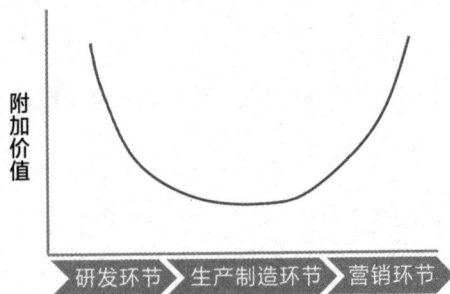

图 5-3　微笑曲线

当然，微笑曲线只是用于描述一个产业链中不同环节附加价值的一种模型，现实的情况往往更加复杂。例如，台积电和富士康同为聚焦制造环节的企业，但是 2021 年的财报数据显示了它们迥然不同的利润表现。台积电 2021 年的净利润率约为 38%，而富士康 2021 年的净利润率约为 2%。可见，并不是所有的制造环节都是低价值的。

有人可能会说，两者所处的产业链差异很大，芯片产业链的整体利润本来就很高。那么，我们可以对比同处芯片产业链的联发科与台积电。联发科 2021 年的财报数据显示，2021 年的净利润率约为 22%。我们可以发现，聚焦芯片研发环节和营销环节的联发科的净利润率低于聚焦芯片制造环节的台积电。

此时，我们要换个角度来看微笑曲线。微笑曲线给我们带来的启示不是简单地避开制造环节，而是产业链中不同环节的价值分布是有差异的，企业要在对应的产业链中找到相对难以被替代的高价值环节。

（2）价值在不同行业及产业链的不同环节动态流动

知名管理专家亚德里安·斯莱沃斯基（Adrian Slywotzky）在《价值转移》一书中描述了价值转移的基本规律。他把价值转移分成三个典型阶段，分别是价值流入、价值稳定和价值流出（见图 5-4）。

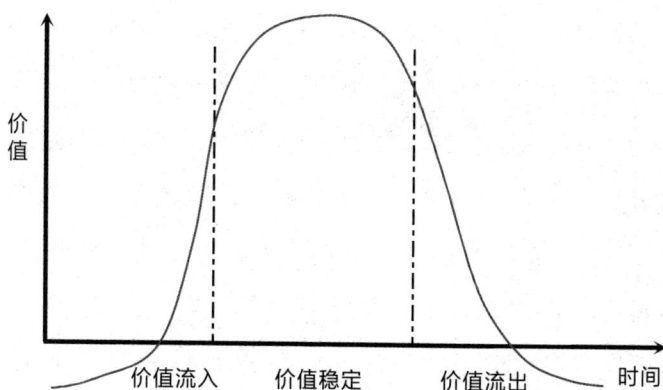

图 5-4　价值转移曲线

我们从 PC 产业链的发展过程可以看到典型的价值转移过程。IBM 在 1981 年正式推出 PC 并在当时快速超越苹果公司，成了行业的领导者。不过，IBM 当时进入 PC 领域重点关注的是整机研发、制造及营销，并选择了微软和英特尔为其新 PC 提供操作系统和 CPU。当时，整机业务确实利润丰厚，被外包出去的操作系统和 CPU 业务只是不被重视的非核心业务。但是，后来随着产业链的进一步成熟及市场竞争的加剧，整机环节的价值明显流出。最终，激烈的市场竞争导致 IBM 的 PC 业务连续多年亏损。2004 年，IBM 将 PC 业务出售给联想集团。与此同时，操作系统和 CPU 业务的价值却稳步提升，这让曾经仰视 IBM 的微软和英特尔成了被无数企业仰视的对象。现在，PC 产业链的价值也在逐步流向移动互联网产业链，这也进一步诠释了价值的动态流动性。当然，这种价值在产业链的不同环节及不同产业链之间的流动给新兴企业带来了更多的发展机遇。

企业在做业务决策时要看清价值转移的规律。只有看清行业发展大势，理解价值在不同产业链及同一产业链的不同环节之间的流动，才能更好地判断市场机会的当前价值和未来价值。企业要想锁定产业链中的高价值环节并坚持长期价值，就要关注两个重点：一是围绕行业趋势和客户体验把技术做"深"，二是把解决方案做"厚"。

- 把技术做"深"：结合行业发展趋势进行核心技术布局，提升技术竞争力。把技术做"深"最明显的好处是可以提升竞争门槛，并尽可能避开激烈的同质化竞争。例如，芯片的进口替代是目前国内最值得关注的业务领域之一，包括华为、中兴、阿里巴巴、小米公司在内的很多优秀企业都已经在该领域布局。再如，高通的专利授权和芯片两大核心业务的根基就是在技术领域深耕。

- 把解决方案做"厚"：从提供产品转向提供综合解决方案，从而更好地满足客户需求并成就客户。把解决方案做"厚"要以深入理解客户业务为前提，面向客户提供整体解决方案可以进一步强化企业自身的竞争力。帮助 IBM 起死回生的郭士纳在掌舵 IBM 时期的关键战略举措之一就是强化了 IBM 面向客户提供整体解决方案的能力。

当然，有能力的企业往往会兼顾把技术做"深"和把解决方案做"厚"，通信行业的华为和安防行业的海康威视都是这个方面的典范。

### 2. 投资组合：平衡短期与长期的风险和收益

企业在决策的过程中容易出现两种极端情况：固守成熟业务的传统企业在做业务投资决策时往往过于求稳，一些初创企业则表现得过于激进。

如果决策者求稳，那么在项目决策上往往会排斥不确定性，希望项目有较高的成功把握后再正式启动。这种保守的决策理念会带来一个问题：决策者对项目的分析细节要求较高，导致其迟迟不敢做出决策，以至于错过了一些好机会。过于求稳的决策很难给企业带来突破性的创新项目，也难以应对行业环境的快速变化。在非确定性市场中，企业只能摸着石头过河，因此必须具备一定的风险承受能力。而过于激进的决策则会大概率让企业陷入困境。因此，企业在决策过程中要避免过于求稳和过于激进两种倾向。

企业应该如何更好地平衡短期与长期的风险和收益呢？答案是合理组合业务投资。例如，企业可以用新兴业务与成熟业务相结合、长期目标与短期收益相结合的理念指导投资决策。企业可以为成熟业务和新兴业务的投资设定合适的分配比例，例如，70% ～ 90% 的资源投向成熟业务，10% ～ 30% 的资源投向新兴业务。当然，每家企业具体应该如何投入，需要根据实际业务情况灵活调整。同时，企业要考虑如何把自身追求的宏大目标分解为多个阶段性的小目标，从而增强自我造血能力。例如，自动驾驶是很多人梦寐以求的终极目标，但是，要想真正实现理想中的自动驾驶（L5 级，即车辆控制权完全由自动驾驶系统所有），还需要实现很多技术突破。如果一家企业想一步到位实现 L5 级的自动驾驶，那么恐怕在产品量产前就已经由于资金问题而失败了。

任正非在 2018 年听取无线业务汇报时说："在追求理想主义的路上，不断孵化现实主义的产品与解决方案，在攀登珠峰的征途中沿途下蛋。""我们要承认现实主义，不能总是理想主义，不能为了理想等啊等啊。我们要在攀登珠峰的征程中沿途下蛋。"任正非的讲话很好地诠释了把长期大目标转化为阶段性小目标并及时把项目成果阶段性地落地的重要性。

### 3.市场驱动：一切技术最终都要服务于客户

什么会让企业偏离客户需求？企业为了追求技术领先，是否会对客户需求产生误判？

企业都知道客户需求及技术领先的重要性，但问题在于有时企业会因为过度关注技术领先而误判客户需求。技术出身的创业者及处于高科技领域的企业更容易掉入该陷阱。

---

**案例** A380 停产带来了哪些启示

2021 年 12 月，随着欧洲飞机制造商空中客车公司（以下简称"空客"）交付最后一架 A380，世界最大客机 A380 正式停产。空客 A380 从 2007 年开始商用到 2021 年停产，只卖出了 251 架。研发了 10 多年的产品这么快就被迫停产，着实让人感到惋惜。A380 曾广受赞誉，但主要是从技术角度。空客在其官方网站介绍 A380 时毫不吝啬赞美之词：

- A380 确立了航空业的新标准；
- 帮助空客补全了产品系列，并赢得了当前的市场地位；
- 最好的空中客舱。

但是，从商业角度来看，A380 这一空中巨无霸机型是失败的。

A380 失败的最主要原因是过于关注技术领先而误判了市场需求。20 世纪 90 年代，空客看到了航空业快速增长的趋势。作为飞机制造商，空客开始思考应该开发什么样的飞机来抓住这个市场机会。空客认为，随着飞机乘客数量的快速增加，机场将面临因航班激增而造成的跑道拥挤问题。因此，更大的飞机是提高运输效率的关键，最佳解决方案应该是用大飞机在主要航空枢纽之间航行，再用小飞机及其他交通工具连接最终目的地。

然而，自 A380 于 2007 年开始正式投入商用后，市场的实际反馈却与最初设想不同。从客户体验的角度来说，乘客更倾向于选择直达航班而非需要中转的航班，飞机大小并非首要考虑因素。从航空公司的角度来说，在激烈的市场竞争中必然面临投资回报的压力。A380 的低成本运营建立在满载航空旅客的前提下，但激烈的市场竞争让 A380 难以处于满载运营的状态。另外，新冠疫情的爆发导致国际航线客流骤减，航空业遭受了巨大的冲击。为了降低成本，航空公司会优先考虑让小飞机替代 A380 这样的大飞机执飞，这让 A380 的处境雪上加霜。

---

通过上述案例，我们可以看出：企业过于关注技术领先就很容易偏离市场需求，导致企业自己设定的需求场景与真实情况会有较大的出入，因为人们总会为自己的选择找各种理由。为了避免类似的问题，企业应该优先考虑市场需求，同时用市场需求（包括当前的和未来的）检验技术本身的价值。

### 4. 时机选择：找准切入新业务的机会窗口

市场机会是动态变化的，切入时机往往直接决定了项目的成败。企业进行时机选择时要考虑行业特点、技术成熟度、市场格局及竞争力等多种因素，还要结合自身的实际情况。对于某些机会，争做第一批入局者非常重要，否则很难做到后来者居上。例如，对社交软件、共享出行这类市场机会来说，未必是第一个入局者成为赢家，但是赢家基本都在第一批入局的企业当中。当然，并不是所有的机会都要抢做第一批入局者。如果技术更迭对市场机会的影响非常大，我们就可以用 S 曲线辅助决策。

一项新技术在发展初期的进步往往比较缓慢，但随着市场需求的推动，发展速度会逐渐加快，进入成熟期后发展速度又会放缓，最后由于技术本身的瓶颈及替代技术的出现，新老技术开始更迭。新老技术发展的整个过程类似于被拉伸的字母"S"，S 曲线因此而得名。S 曲线描绘了新旧技术更迭的一般规律，技术的更迭也意味着产品的更迭，整个过程不断循环往复，从而持续推动行业进步。

回到联发科的案例，我们用 S 曲线分析联发科切入手机芯片业务的时机选择（见图 5-5）。

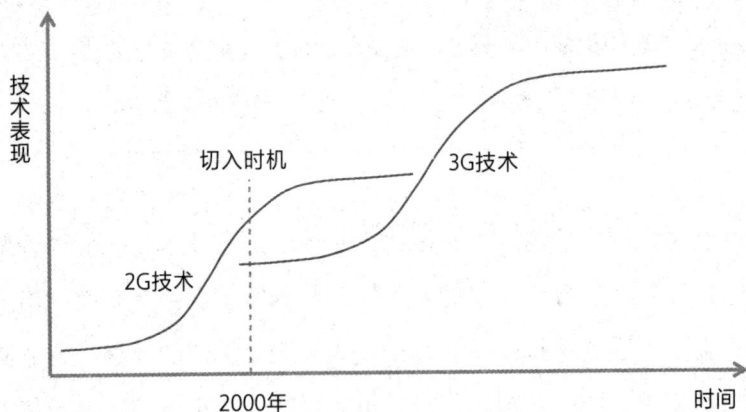

图 5-5　2G 技术与 3G 技术的 S 曲线

联发科在 2000 年进行手机芯片技术路线选择时，正值 3G（新技术）刚兴起并即将在全球市场开始商用之时。与此同时，2G（老技术）已经发展成熟（此时也被业内称为 2.5G），但在发展中国家仍然有较大的市场空间。在权衡利弊之后，联发科最终选择切入 2.5G 手机芯片市场。由此可见，联发科进行市场机会选择时正视了竞争对手的强大（3G 领域），同时预判了新技术在发展中国家的落地需要较长的时间。后来，联发科创办者蔡明介在回顾这次技术路线的选择时庆幸当时做了正确的决策，否则不知道要等多久才能在这一领域做出成绩。

从竞争的角度看 S 曲线，新老技术的更迭往往蕴藏着弯道超车的机会。通过分析各行业的发展，我们可以发现，行业领导者最容易被取代的阶段就是行业出现弯道的时候。为什么会出现弯道超车的机会？主要有两个原因：一是发展的惯性使现有领导者未能及时调整方向（包括技术方向）；二是后来者在领导者的优势领域很难实现超越，所以更会关注弯道超车的机会。例如，在手机行业从模拟通信技术转向数字通信技术的阶段，诺基亚凭借数字通信技术的优势超越了模拟通信技术时代的霸主摩托罗拉。但是，诺基亚作为行业领导者依然难以摆脱被超越的命运，从传统手机转向智能手机的行业弯道让苹果公司、三星等智能手机厂商顺势崛起。再如，华为把握住了 4G 转向 5G 这一通信技术更迭的弯道，真正成了通信行业的领导者。不过，弯道超车也往往意味着企业需要比竞争对手投入更多的资源。

技术曲线的切换是有周期的，很多行业的技术曲线切换周期长达十几年甚至更久。因此，企业也不能光等着技术更迭的弯道出现，否则在技术拐点到来之前企业可能已经不存在了。此时，企业可以同时在两个方面发力：抱着开放的心态利用好行业内现有的技术成果；根据行业发展的技术瓶颈加大资源投入，实现主流技术下的局部突破。

## 5. 正视竞争：比竞争对手更好地服务于客户

没有竞争的领域几乎是不存在的，即使初期存在这种情况，随着行业的发展也会出现竞争对手。因此，大部分企业都会面对同质化竞争。此时，如果我们能发现众多竞争对手做得仍不够好的方面，那么即便身处红海市场，未来也依然可期。从创新的角度来看，很多团队对红海市场不屑一顾，总想着寻找蓝海市场，从而避开激烈的市场竞争。找到蓝海市场固然好，但从现实情况看，企业需要具备在红海市场找到创新机会并改变市场格局的能力。

对企业来说，什么样的红海市场具有吸引力呢？一般来讲，这样的红海市场具备三个特征：

- 现有市场的客户体验不够好，我们有信心实现大幅度的改进；
- 市场足够大，能够满足企业的中长期发展诉求（市场规模大小是一个相对的概念，大企业和小企业对此显然有不同的理解）；
- 可以通过商业模式再设计重塑行业价值并改变现有的市场格局。

上述三点同时具备最好，即使无法同时具备，企业依然可以结合自身情况进行评估和选择。

例如，很多人的固有理念是物美难以价廉，好东西必然贵。有些企业为了应对价格战，不惜牺牲产品品质来降低成本，从而试图获得相对的成本优势。但是，最终的结果往往是低质低价者并不能成为行业领导者，而这正是物美难以价廉的例证。

当行业发展处于一个相对稳定的阶段时，物美确实难以价廉。但这种稳态会在某个阶段被局部打破，尤其是在那些运作比较低效的行业。雷军曾经表达对一些行业低效运作的不满，希望小米公司成为搅动制造业的鲶鱼，进入一个行业就搅动一个行业，倒逼行业升级。小米公司联合生态链企业紫米推出了高性能、低价格的移动电源。让整个产业震撼的是，小米当时推出的移动电源的售价低于业内很多企业的原料采购成本。看到市场中又大又丑的插线板，小米公司联合生态链企业青米把插线板做到了高品质且极具价格竞争力，从而带动了这个行业的升级。小米公司总能在红海市场中发现创新的机会，而且其锁定的市场机会基本都具备上面提到的三个特征（客户体验不够好，市场空间足够大，可以进行商业模式创新）。

## 6.决策模式：从个人决策向团队决策转变

许多企业发展到一定规模后很难进一步壮大，关键原因之一是企业的管理过度依赖创始人，企业大大小小的决策都需要创始人参与其中。这种个人决策的方式往往是从企业创立之初延续下来的，但问题是随着企业规模的扩大，原有的决策模式已经严重制约了企业的发展。即使创始人的能力非常强，精力和视野也一定会有局限性。当竞争对手已经在充分发挥群体智慧而我们依然只依赖一两个人的力量时，结果可想而知。这时，企业的决策者需要转变观念，把个人决策模式转变为团队决策模式。各业务领域的管理团队要群策群力，共同提升决策质量。

当然，实现这种改变的关键是"一把手"愿意放权，并愿意在初期承担一定的决策失误风险。不过，一旦团队的能力得到提升，决策质量将远高于原来的个人决策。之前，我遇到一位企业家说自己之所以事无巨细地做管理是因为找不到自己认可的能人。不过，如果企业长期都没有可用之人，那么问题一定出在企业家自己身上。

## ◢◢◢◢　本章小结

企业在盲目自信的情况下做的决策失败概率很高，但在做决策时过于谨小慎微则会错失良机。实际的市场机会往往是在某些方面很有吸引力，但难免有一些需要克服的风险。面对市场机会，如何平衡短期和长期的风险和收益？这考验着决策团队的智慧。企业一方面需要加强对市场机会的洞察，从而做到优中选优；另一方面要持续提升对市场机会的评估与决策能力。

本章重点讲解了市场机会评估与决策的方法和基本原则。本章前半部分重点结合联发科等案例分析了评估与决策的三个要点——商业价值评估、业务构想评估和执行策略评估，后半部分则为决策者提供了六个决策建议。

- 长期价值：思考企业应该关注的长期价值是什么。

- 投资组合：平衡短期与长期的风险和收益。

- 市场驱动：一切技术最终都要服务于客户。

- 时机选择：找准切入新业务的机会窗口。

- 正视竞争：比竞争对手更好地服务于客户。

- 决策模式：从个人决策向团队决策转变。

# 第 6 章

# 开发实现：从市场需求到产品与服务实现

业务构想通过评估与决策后就进入了开发实现环节，即通过开发活动把构想转化为具体的产品或服务。在开发实现阶段，企业一方面要快速推出有竞争力的产品或服务，另一方面要关注整个过程的运作效率。本章将重点阐述两大问题：

- 企业在开发实现阶段会遇到哪些关键挑战？
- 面对确定性市场和非确定性市场，有哪些开发模式可供借鉴？

## 6.1　可持续发展不在于一时的成功，而在于持续的突破

企业往往会因为抓住了一两次机遇而取得阶段性的成功，并以此为基础发展起来。不过，企业的可持续发展需要的不是一两次成功，而是持续取得创新突破。

我们以 GoPro 这家明星企业的发展历程为例进行简要分析，以帮助大家了解企业做好持续创新所要面对的挑战。

| 案例 | GoPro 发展过程中的关键里程碑 |

GoPro 是由一位名为尼克·伍德曼（Nick Woodman）的极限运动爱好者于 2002 年创立的公司，主要面向极限运动这一细分市场提供运动相机等产品和服务。极限运动是指一些难度高、挑战大的体育运动，如冲浪、滑雪、赛车、攀岩等。极限运动主要盛行于欧美国家，在我国属于小众爱好。

绝大多数企业其实都是在现有品类中进行延续性创新，但 GoPro 在创立之初就开创了运动相机这一品类。GoPro 在早期的发展比较顺利，但上市后为了谋求快速发展开始了业务扩张，同时也迎来了巨大的业务挑战。

GoPro 的财报显示其近 10 多年的营收情况如图 6-1 所示。我们可以看出，GoPro 在 2014 年上市当年达到了一个利润峰值，在 2015 年达到了一个营收峰值（16.2 亿美元），随后净利润大幅下滑并由正转负，2016 年开始进入负利润时代，直到 2021 年才扭亏为盈。

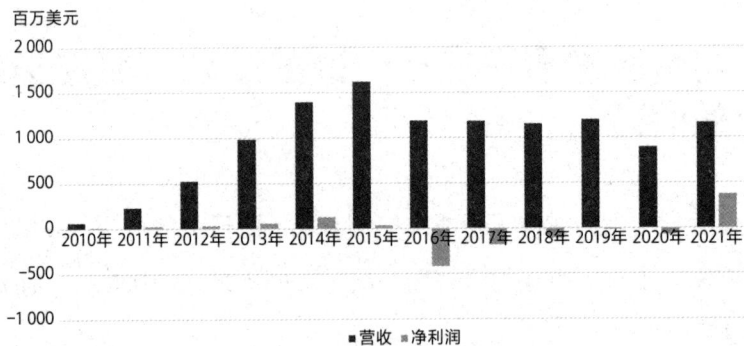

图 6-1　GoPro 的营收及净利润数据

GoPro 为什么会在上市后出现连续多年的亏损呢？GoPro 发展过程中的一些里程碑事件（见图 6-2）可以帮助我们理解 GoPro 所面对的机遇和挑战。

| 2002年 | 2004年 | 2006年 | 2009年 | 2014年 | 2016年 | 2018年 | 2021年 |
|--------|--------|--------|--------|--------|--------|--------|--------|

GoPro推出第一款相机Hero，并由中国工厂代工

2009年3月，GoPro正式入驻YouTube，Hero相机拍摄的酷炫视频吸引了众多粉丝

2016年3月，GoPro宣布收购两款领先的移动视频编辑应用Splice与Replay

2016年12月，GoPro裁员重组并关闭旗下媒体内容业务部门

2018年1月升级GoPro Plus订阅服务，用户每月可以无条件更换两次GoPro相机

户外运动爱好者伍德曼创立GoPro

推出Hero数码摄像机

GoPro首次公开募股并在纳斯达克上市，同年开始进军原创视频内容产业

2016年9月，GoPro正式发布了一款名为Karma的四轴折叠无人机产品。之后，由于重大质量问题，GoPro不得不召回Karma无人机

为了缓解公司资金压力，2018年1月GoPro宣布裁员20%，并宣布放弃无人机业务

截至2021年年底，GoPro的用户数量约为160万，同比增长107%。营业收入为11.61亿美元，同比上涨30.18%，并实现扭亏为盈

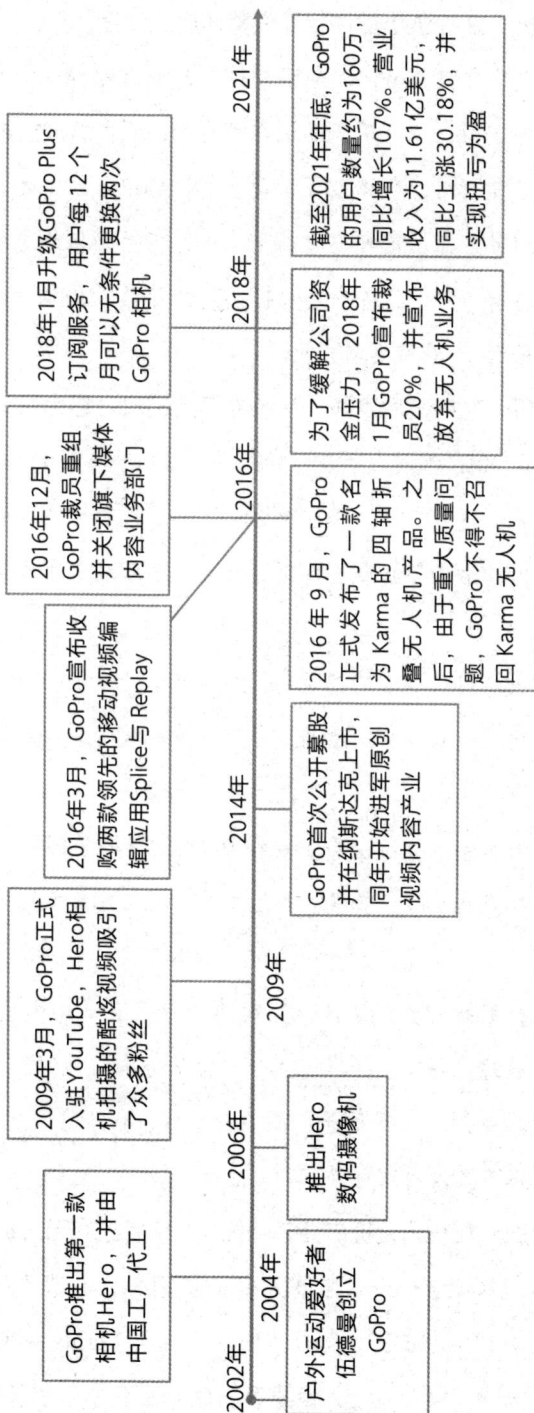

图 6-2 GoPro 的主要发展历程

137

### 第一个转折：从提供小配件到提供整体解决方案

伍德曼之所以创建 GoPro，是因为自己的冲浪爱好。当时，伍德曼在冲浪过程中为了留住美好瞬间尝试通过绑带固定相机进行拍摄，虽然这种方式并不总是奏效，但激发了他的灵感。GoPro 创立之初主要通过提供绑带这一配件产品帮助冲浪者固定相机，但后来伍德曼意识到必须对绑带和相机进行统一设计并向用户提供整体产品。2004 年，GoPro 正式推出了第一款 Hero 胶卷运动相机。

### 第二个转折：升级技术路线，从胶卷运动相机升级为数码运动相机

数码相机在 2005 年左右已经开始普及，GoPro 在 2006 年顺应趋势，把产品升级为数码运动相机，并首次为其配备了视频摄像功能。

### 第三个转折：上市并正式进军内容产业，2 年后关闭媒体内容业务部门

2014 年 6 月，GoPro 在纳斯达克挂牌上市，上市首日股价大涨。不过，运动相机领域的竞争愈发激烈，越来越多的竞争对手开始出现，包括老牌相机厂商索尼、专注于户外运动装备的佳明、新兴对手小米公司等。正是这样的外部因素导致 GoPro 经历了上市初期的股价大涨后，在接下来的几个月遭遇了股价暴跌。不过，此时 GoPro 运动相机拍摄的视频在社交媒体上广受好评，而社交媒体及内容产业正在蓬勃发展。正是因为看到了这样的新机会，GoPro 从 2014 年开始正式向内容产业进军。不过，之后大量的资源投入并没有换来内容业务的业绩回报，反而加重了公司的负担。随后，公司股价一跌再跌，GoPro 不得不在 2016 年 12 月裁员并关闭旗下媒体内容业务部门。

### 第四个转折：发布无人机产品 Karma，2 年后放弃无人机业务

内容业务失败后，GoPro 把最大的希望寄托在了消费级无人机领域。2016 年 9 月，GoPro 正式发布消费级无人机 Karma。但是，Karma 无人机因为电池故障频频发生炸机事故，GoPro 不得不宣布召回全部产

品。面对资金压力，GoPro 于 2018 年 1 月宣布裁员 20% 并放弃无人机业务。

### 第五个转折：升级 GoPro Plus 服务

显然，GoPro 不甘心只做一家硬件公司，而是希望从产品型公司逐步向服务型公司转型。2018 年 1 月，GoPro 升级了 GoPro Plus 订阅服务，该服务受到了用户的广泛好评。

### 第六个转折：扭亏为盈

截至 2021 年年底，GoPro 用户数量约为 160 万，同比增长 107%。年营业收入为 11.61 亿美元，同比上涨 30.18%，并实现扭亏为盈。

---

GoPro 在其发展过程中经历了不少成功时刻，例如，它开创了运动相机这一品类并在中高端市场占据了主导地位。不过，GoPro 在上市后拓展新业务并不顺利，进军内容产业及无人机领域均以失败告终。GoPro 的发展历程可以说是诸多企业的缩影，过程中的一系列关键项目的成败也决定了企业的命运。

虽然在企业发展过程中每个关键项目所面对的具体问题会有所不同，但从全局角度来看，存在如下一些典型的问题。

- 项目初期缺乏对客户需求的深入理解，产品的市场定位不精准，导致最终无法实现预期市场目标。
- 在开发过程中不断地加入新需求，导致项目进度严重偏离预期，最终错过了最佳时间窗口。
- 专业技术能力积累不够，技术瓶颈导致项目延期。
- 产品开发过程中资源浪费严重，反复做无用功，整体效率低下。
- 产品推出后质量不稳定，导致客户不满及投诉。
- 市场变化较快，把产品推向市场后才发现竞争对手也推出了类似的甚至更好的产品。

- 产品被竞争对手快速模仿，导致竞争优势难以维持。

- 对目标过于乐观，低估了问题和风险，最终导致欲速则不达。

- 依赖"个人英雄"，成功难以复制。

这些典型问题涉及项目成功的六大关键要素——客户需求、技术突破、竞争力、上市时间、运营效率、风险控制。对于各个要素，企业需要思考的核心问题如下。

- 客户需求：产品是市场真正需要的吗？

- 技术突破：可以突破相应的技术瓶颈吗？

- 竞争力：产品是否具有较大的竞争优势？

- 上市时间：能否按计划快速地把产品推向市场？

- 运营效率：如何实现低成本、高效率运作？

- 风险控制：存在哪些风险？如何管控风险？

企业可以结合六大关键要素进一步思考项目当前阶段面对的核心挑战及其应对策略。

## 6.2 开发模式的选择

进入开发阶段后，企业会面临开发模式的选择。一般来说，企业会默认采用既有的经验和方法进行开发，而这很可能导致新业务采用错误的流程和方法，进而造成新业务失败。例如，GoPro 首次尝试进军内容业务这一新领域时就采用了成熟业务的运作思路，最终导致项目失败。其创始人伍德曼在接受彭博社采访时说："为了让 GoPro 跳出硬件公司的限制并保持持续增长，我们尝试了很多新的、看上去很靠谱的新业务。但是回顾那段时间，我们进军内容业务的思路和方法都有很大的不足，这导致我们过早地承担了太多的压力。"GoPro 内容业务失败给我们的启示是：一项业务的开发模式应该与业务的特点相匹配。

本章内容聚焦于最典型的两类场景。

（1）确定性市场的成熟业务：关注一次性把事情做对

对确定性市场的成熟业务进行创新时有相关的成熟经验可以借鉴，在这类场景下比拼的是综合能力，涉及需求匹配、技术突破、成本效率等多种因素。例如，对原有产品的迭代升级就属于确定性市场的成熟业务。

（2）非确定性市场的新业务：关注快速低成本试错迭代

面对非确定性市场的新业务，虽然企业对市场需求会有一定程度的理解，但是这种理解往往存在较大的不确定性。因为很难一次就把市场看清楚，所以企业对新事物的快速学习、试错迭代及风险管控能力是关键。例如，一个做手机的团队尝试开发一款老人陪护机器人就属于非确定性市场的新业务。这意味着，开发团队要聚焦原有主流客户之外的新客户，并且要加强对相关产品的深度理解。

基于确定性市场的创新和非确定市场的创新这两类典型场景，分别有集成产品开发（Integrated Product Development，IPD）和迭代开发这两种典型的开发模式，企业可以根据具体情况灵活运用。

## 6.2.1　集成产品开发：基于结构化的开发流程在成熟业务领域求胜于已知

广义来说，IPD 是一套完整的产品开发体系，它将产品开发的主要活动及各职能角色有序地整合起来，涵盖了战略管理、需求管理、路标管理、立项管理及产品开发（狭义的 IPD）等多个业务模块。其中，战略管理的核心是通过市场洞察做正确的机会选择，从而确保业务方向正确；需求管理是以深入理解客户需求驱动整个产品开发体系的运作；路标管理是把战略方向落实到具体的产品开发节奏；立项管理则是把战略与具体的产品开发活动衔接起来，核心是进行投资决策；产品开发则通过结构化的流程从端到端的视角确保开发工作的有效执行。各业务模块之间的关系如图 6-3 所示。

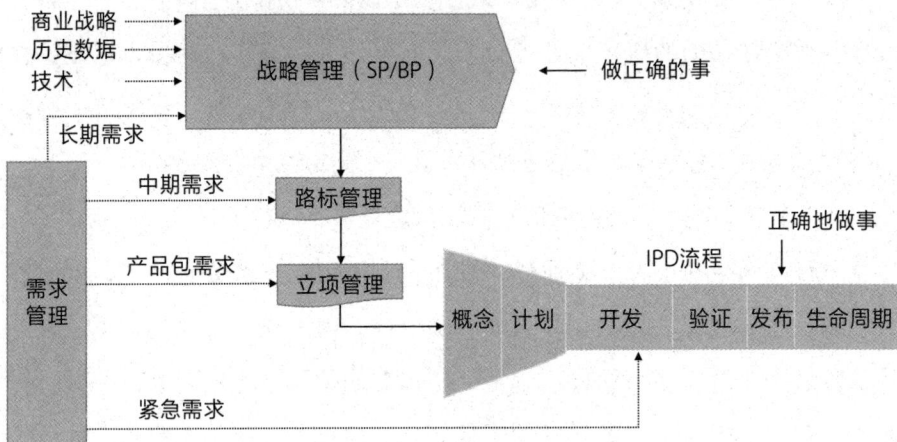

图 6-3　IPD 的体系框架

---

**场景解析**　基于 IPD 流程开发一款工业机器人产品

　　工业机器人目前已被广泛应用于工业生产并创造了巨大的价值，也在很多场景中实现了高效作业，如焊接、喷漆、激光切割、物料搬运、抛光打磨、包装、装配等。

　　**场景假设**：企业 T 主要面向制造业提供工业机器人综合解决方案，目前计划对原有的六轴机器人产品进行进一步升级。如果实施 IPD，那么整个六轴机器人产品从项目启动到产品退出市场应该是一个什么样的过程呢？IPD 是一个相对复杂的体系，下面结合 IPD 的要点（见图6-4），从七个方面介绍其开发过程。

| 投资决策<br>评审点 | 立项决策<br>评审点<br>✓ | 概念决策<br>评审点<br>✓ | 计划决策<br>评审点<br>✓ | | | 可获得性决策评审点<br>✓ | GA<br>◆ | 生命周期终止<br>决策评审点<br>✓ |
|---|---|---|---|---|---|---|---|---|
| 技术决策<br>评审点 | TR1<br>▼ | TR2<br>▼ | TR3<br>▼ | TR4<br>▼ | TR4A TR5<br>▼　▼ | TR6<br>▼ | | |
| 立项 ➤ | 概念 | 计划 | | 开发 | | 验证 | 发布 | 生命周期 |
| 阶段概要 | 分析项目机会，进行需求分析，明确产品概念，制订项目计划 | 明确需求基线并进行系统设计和规格制定，完善项目计划 | | 完成产品的详细设计、软硬件开发和内部系统级的功能和性能测试 | | 完成外部的测试与认证 | 把产品正式推向市场，并完成量产准备 | 监控市场表现，进行存量经营 |

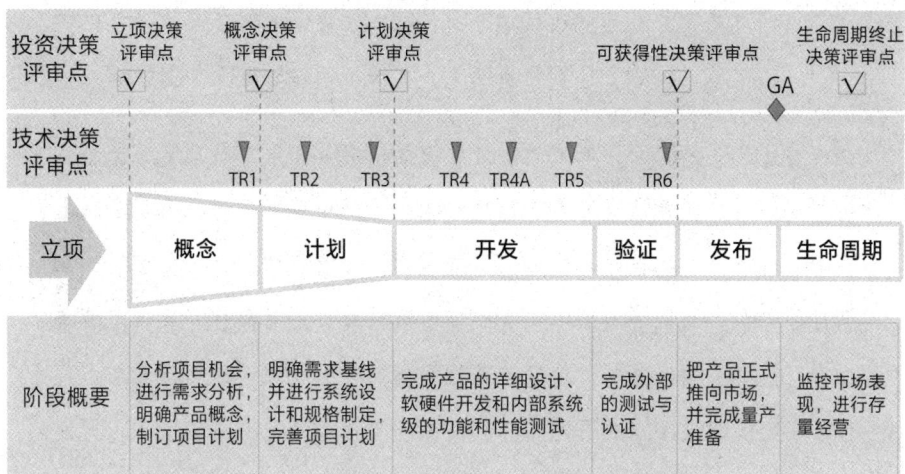

注：GA 指一般可获得性，该节点标志着可以进行大规模发货，即批量交付给客户。

图 6-4　基于 IPD 流程的开发过程

**（1）开发项目的启动由项目任务书触发**

在 IPD 中，开发项目的启动是由项目任务书触发的。项目任务书与产品战略规划中的路标规划节奏相对应。下面以六轴机器人产品的项目立项为起点做简要介绍，然后对新产品开发过程进行描述。

**项目立项**：在立项阶段，重点通过三个方面（市场机会、产品需求定义及执行策略）的分析回答机器人项目为什么值得做、产品做成什么样及如何执行。三组核心问题如下。

- 为什么（Why）：为什么要开发这款产品？其商业价值是什么？（从六轴机器人的行业发展、市场空间、竞争态势及这款产品的价值定位等方面进行说明。）

- 什么（What）：这款产品应该做成什么样？产品需求应该如何定义？（描述六轴机器人的主要应用场景及对应的关键市场需求，并分析其市场竞争力。）

- 如何（How）：为了达成商业目标，这款产品应该如何研发、生产及营销？相应的执行策略是什么？（说明六轴机器人项目的关键策略和计划，包括产品开发、生产、营销等各个关键领域。）

上述三个方面的分析可以有效支撑立项决策团队进行项目可行性评估与决策。如果六轴机器人项目最终在立项阶段获得通过，公司管理团队（对应于IPD体系中的集成组合管理团队）就会向产品开发团队下达项目任务书。项目任务书中包含市场概要分析、产品概述、项目概要等内容。其中，项目概要包括项目营收目标、关键里程碑时间点及对应项目开发团队的核心组成员等内容。有了项目任务书这一关键输入，开发项目就正式启动了。

**（2）从IPD流程的六大阶段看关键业务活动**

IPD流程覆盖了概念、计划、开发、验证、发布、生命周期共六个阶段。各个阶段的工作内容不是简单地串联在一起，而是以市场需求和商业成功为主线进行贯通。

**概念阶段：**产品开发团队根据项目任务书，对市场机会、客户需求、市场竞争及项目实施的策略、成本、进度、风险等进行快速评估，并形成六轴机器人的产品包需求、产品概念和初步的项目计划。

**计划阶段：**清晰地定义六轴机器人产品的总体方案及其竞争优势，并制订详细的项目计划。在此阶段，产品包需求被转化为对应的设计规格。做完计划决策评审之后，如果产品包需求发生变化，就要提交计划变更申请。

**开发阶段：**基于六轴机器人产品的总体方案做出产品的详细设计，完成开发和系统测试，还要完成与新产品制造有关的准备工作，如新制造工艺的开发等。

**验证阶段：**为新产品大批量推向市场做好准备，包括完成大批量制造能力的验证、获得必要的客户场景验证、获得外部机构的认证、发布最终的产品规格及相关资料包等。

**发布阶段**：这一阶段的重点是完成产品发布前的准备工作并面向市场正式发布产品。其中的准备工作一般包括完成产品的早期客户总结，基于市场需求预测进行产品发货准备，以及发布前的营销工作准备度评估等。

**生命周期阶段**：积极拓展市场，监控六轴机器人产品的市场表现及客户满意度，按需调整策略并进行退市管理。

（3）客户需求是灵魂，整个开发过程是从理解客户需求到满足客户需求的过程

很多产品创新之所以会失败，往往不是因为技术不够先进，而是因为偏离了客户需求。如果基于客户需求视角审视整个开发过程，就会发现从立项阶段的理解客户需求到最终把产品交付给客户的过程伴随着需求的演变（见图 6-5）。

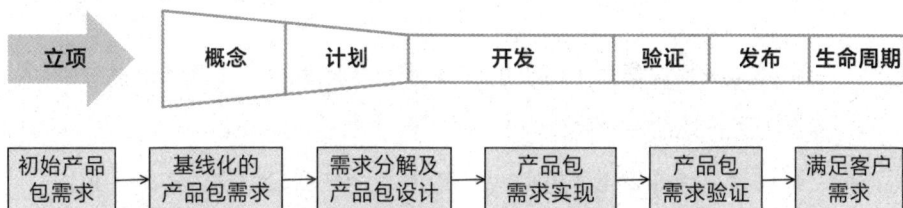

图 6-5　客户需求的演变过程

在客户需求的演变过程中，六轴机器人的产品包需求的质量是关键。如果基线化的产品包需求与目标客户匹配度不高，那么产品推出后必然会失败。很多开发团队难以真正说清楚自身产品的市场竞争力，因为他们大多数情况下对目标客户的需求场景理解片面且不够深入，对竞争对手也缺乏深入的分析，这最终会导致其产品的市场定位不精准并难以取得商业成功。

案例：之前我接触了一家浙江的企业，其开发团队在产品开发过程

中很少直接接触客户。新产品的需求定义一方面基于原有产品的架构，另一方面依赖于销售团队所反馈的客户需求。由于销售团队缺乏对产品的深刻理解，因此其传递的市场需求往往浮于表面，甚至存在误解。开发团队无法精准理解客户需求，最终导致投入很多资源但开发出来的产品并不具备市场竞争力。

**（4）通过投资决策评审点动态分阶段地进行投资决策**

项目开发本身就是一种投资行为，通过在各关键阶段设置投资决策评审点可以更有效地把控项目方向并控制风险。面对市场的不确定性及自身认知的局限性，企业很难通过一次决策解决所有的问题，因此要分阶段地进行投资决策。六轴机器人产品的开发过程涉及多个决策评审。决策评审从确保整个项目商业成功的视角出发，所以更关注项目可行性、项目进展、市场的变化及盈利预期等。结合图6-4，我们可以看到整个开发过程包含概念决策评审点、计划决策评审点、可获得性决策评审点和生命周期终止决策评审点。

- 概念决策评审点（CDCP）：基于市场分析对产品概念的商业潜力进行评估。

- 计划决策评审点（PDCP）：重点关注产品定位是否清晰，相应的计划是否可以保证其顺利推向市场并盈利。

- 可获得性决策评审点（ADCP）：关注相应产品是否已准备好正式向市场发布。

- 生命周期终止决策评审点（EOXDCP）：从经营视角评估产品生命周期阶段的策略和计划，并按需实施EOM（停止销售）、EOP（停止生产）和EOS（停止服务与支持）决策。

在六轴机器人产品的开发过程中，市场环境会不断变化，所以企业要时刻关注市场变化并及时调整策略。

案例：深圳的某芯片企业在某芯片项目开发过程中发现竞争对手已经更快地推出了同类产品，并且出人意料的是竞品的售价已经低于自身产品的成本，于是团队紧急申请启动投资决策评审。决策团队在评审中结合相关市场分析并在充分讨论的基础上决定放弃在研的芯片项目，从而释放了相关项目资源及时止损。

当然，终止项目的止损方式有时未必是最优方案。企业也可以优先考虑能否通过调整产品规格或优化商业模式等方式进行破局。

### （5）通过质量控制点进行过程质量控制

企业应该优先追求以质取胜而非以低价取胜。以质取胜的一个关键前提是产品的高质量，而高质量不能只靠事后检查来确保，而要靠流程与过程管理来保障。为了实现产品的高质量，开发团队在设计之初就要对质量负责，同时在开发过程中通过设置相关的评审点确保质量目标的可控性，其中比较关键的就是技术评审（TR）点。TR 点的关注要点如表 6-1 所示。

表 6-1　TR 点的关注要点

| TR1 | TR2 | TR3 | TR4 | TR4A | TR5 | TR6 |
|---|---|---|---|---|---|---|
| 关注初始产品包需求及对应的产品概念 | 关注需求分解结果、产品架构及产品规格 | 关注产品的总体方案设计 | 关注模块级的详细设计、开发实现及功能验证测试结果 | 关注原型机（硬件）的质量和初始产品的准备情况 | 关注初始产品的质量，确保产品符合预定的功能和性能要求 | 发布前的评审，关注产品的认证和标杆测试结果，以及制造系统验证情况 |

除了通过 TR 点进行过程质量控制，各职能领域也有相关的质量控制点。例如，职能领域分别通过 MR（市场评审）、SR（服务评审）、MFR（制造评审）、POR（采购评审）等评审点与 TR 点相配合进行过程质量控制，从而确保主要职能领域关注要点的落实。例如，TR 点从

技术视角对项目进行分阶段评估，关注要点包括六轴机器人的产品包需求、产品概念、设计规格、设计方案、质量表现等；MR 点则从理解市场、盈利和产品上市三大维度进行评审，关注要点是在变化的市场环境下相应策略的可行性及相关工作的落地情况，如产品竞争力、营销资料的准备、定价、品牌活动策划等。

**（6）打破部门壁垒，实现跨部门有效协同**

很多企业会让研发部门独立承担产品开发职责，产品开发完成后则由研发部门转交给营销部门。这种方式会导致每个部门的关注点过于局限而缺少全局视角，进而造成组织协同不顺畅。虽然有些企业已经意识到这种开发模式的问题，并强化了跨部门协同，但依然难以解决协同效率低的问题。

IPD 则把业务从概念到生命周期管理的整个过程进行端到端贯通（如果继续往前延伸，还涉及战略管理、立项管理等）。六轴机器人项目的产品开发团队由跨职能领域的多个角色（涉及不同部门）组成，共同对商业成功负责，并在整个过程中高效协作（见图 6-6）。

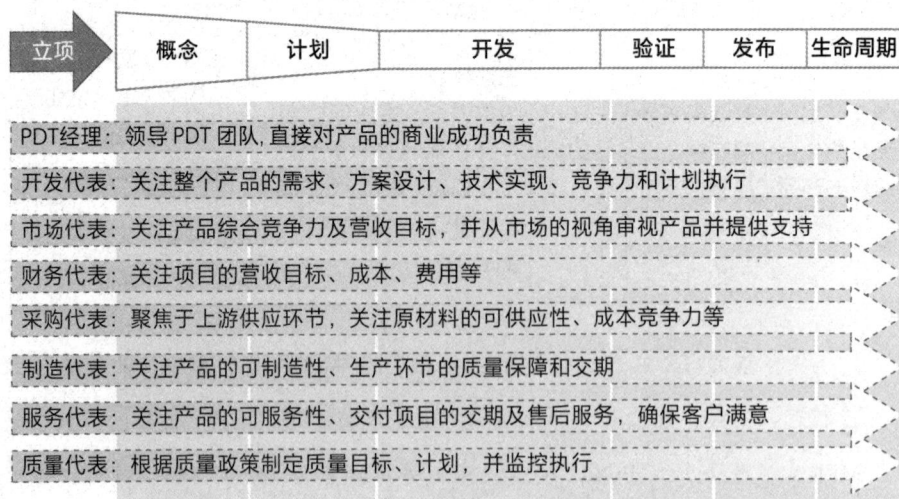

图 6-6　IPD 的跨部门团队运作

简单来说，IPD 实现了横向拉通（不同阶段）和纵向集成（不同角色），这其实也是很多流程体系能够有效运作的精髓所在。

## （7）通过计划管理关注全局最优而非局部最快

从结果来说，项目团队当然希望把六轴机器人产品快速推向市场，也就是把上市时间尽量缩短。但即使在确定性市场中，从进入开发环节到最终把产品推向市场，整个过程也会面临诸多挑战。表现好的团队能够有效管控整个开发进程，力求全局最优而非局部最快（见图 6-7）。

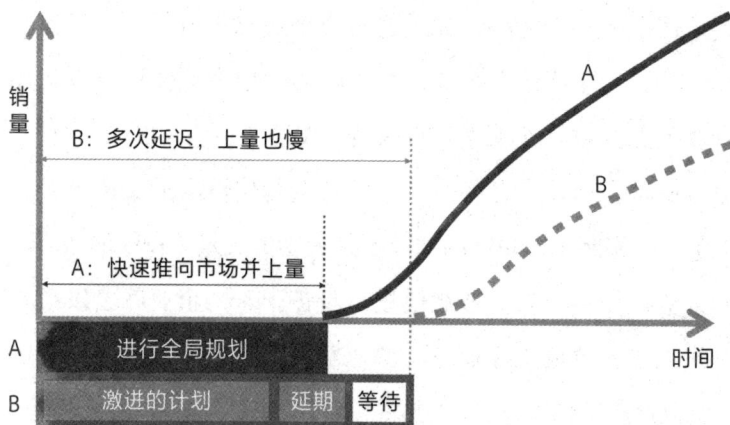

图 6-7 两个典型场景的对比

图 6-7 设定了两个场景，分别是场景 A 和场景 B。实线代表的场景 A 非常注重产品最终上量的时间；虚线代表的场景 B 则过于关注局部，导致整个产品上市的执行相对混乱。

先看场景 B。在进行产品开发时，团队面临的市场压力之一是进度。这种压力一方面来自客户，另一方面来自企业自身的发展诉求。虽然开发团队此时对客户需求理解不够深入，但为了赶进度可能会仓促地启动具体的开发工作。其结果往往是在产品开发过程中经常出现客户需求变更而导致项目延期，并且开发出来的产品市场竞争力也不强。另外，即使开发团队把新产品延期交付给营销团队，营销团队也往往缺乏充分的上市准备，这会导致真正的上量时间又进一步被推后。这正是图 6-7 中曲线 B 所对应的情况。

再看场景 A。开发流程的各阶段工作按部就班地展开，看似开发速度慢了下来，但可以通过高质量地做好每一阶段的工作而使整体效率达到最优。这就是"不求局部最快，但求全局最优"的价值所在。

---

在了解了 IPD 之后，很多人会有一个疑问：华为这种大企业用的产品开发模式适用于中小企业吗？如果连中小企业都不适用，更何况一些创业型项目呢？其实，即使是大企业，在国内能像华为这样把 IPD 运用得如此成功的企业也是少数。如果把 IPD 视为一套需要严格执行的流程，那么它的确不适合中小企业，光是各个阶段所需例行化输出的文档就会让开发团队望而生畏。但实际上，IPD 的细节不是成功的关键，IPD 的核心理念才是关键且非常值得借鉴。当业务规模进一步扩张时，企业就会发现原有的业务运作方式无法有效地支撑业务的快速发展。企业可以结合 IPD 的核心理念对具体流程进行灵活适配。

## 6.2.2　迭代开发：在新业务领域探索未知，以最小代价试错和快速迭代

企业孵化新业务时必然会面对很多未知的挑战，其中最大的挫败往往是历尽艰辛做出自认为完美的产品后却发现其并不被市场认可。此时，团队也许会幡然醒悟：如果最初就走错了方向，那么排除万难完成了看似完美的计划又有何意义？

易到用车创始人周航在复盘创业经历时说："易到早期为了给用户提供完美的用车解决方案，从车、司机到 App 等各方面都提出了趋于完美的要求。"易到用车仅为了获得完美的算法就投入了大量的资源，但最终一年半

的投入几乎没有什么产出。最后，管理层经过反思放弃了原先的想法，对复杂的问题进行了简单化处理。可惜，宝贵的时间已经被浪费，竞争对手已经后来居上。与之相对应的是，竞争对手的 App 并不追求完美，而是抓住了最核心的市场需求：初期只瞄准为用户和出租车司机建立连接，不收费，也不计费。正是因为简单，竞争对手很快就把业务逻辑跑通了。

启动一项新业务时，企业很难一步到位把最终产品形态想得很清楚，而且有时市场也不会给企业那么多的时间开发出完美的产品。面对新业务，企业应该如何避免方向性的问题并快速抓住市场机遇呢？此时可以使用一种面向非确定性市场创新的开发模式——迭代开发模式，即通过快速试错找准方向，通过持续迭代完善产品。

迭代开发模式可以简要地描述为这样一个典型过程：识别创新机会→形成创新构想→识别关键假设→设计 MVP 并验证假设→评估与决策→试错迭代→规模化运作。这里之所以用了"典型过程"一词，是因为具体实施过程并非一成不变，企业可以根据自身业务特点进行一定程度的调整。例如，在识别创新机会和形成创新构想等阶段，企业可以根据自身需要加入评估环节；每次迭代多少功能特性也可以灵活调整。

迭代开发模式的过程如图 6-8 所示。

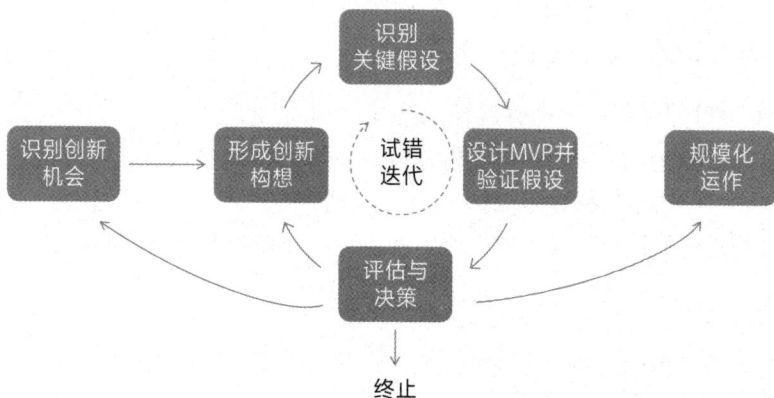

**图 6-8　迭代开发模式的过程**

（1）识别创新机会

机会是发展新业务的起点，如果机会选择失误，那么后面再努力也难以取得成功。关于如何识别创新机会，请参考第 2 章的相关内容。

（2）形成业务构想

企业基于对创新机会的理解，进一步形成业务构想。业务构想的重点既可能是产品创新，也可能是商业模式创新等。具体方法请参考第 3 章和第 4 章的相关内容。

（3）识别关键假设

面对同样的市场环境，不同团队对当前及未来会有不同的判断并做出不同的选择。例如，不同团队对同一机会的市场规模、目标客户、客户的关键需求等会有不同的理解和选择。在这一环节要把关键假设识别出来，因为这些假设成立与否直接关系到项目的成败。

（4）设计 MVP 并验证假设

验证关键假设是否成立有多种方式。有些假设可以通过进一步洞察市场获得答案，而有些假设则要通过最小可行产品（Minimum Viable Product，MVP）的方式进行验证。MVP 的理念强调快速和低成本，即用尽可能少的资源投入开发出最精简的产品原型，从而对关键假设进行验证。传统的验证方式往往要等到完整的产品开发出来再获得市场反馈，这种验证方式的代价显然非常高。

（5）评估与决策

对 MVP 验证环节的结果进行评估后，有四条路径可选。

- 新一轮的试错迭代：基于评估与决策，对业务构想及关键假设进行必要的修正和完善，并继续进行下一轮验证。
- 规模化运作：经过多轮循环后，如果新业务已经完全跑通，就可以考虑进入规模化运作阶段。

- 对机会进行再评估：通过试错发现原来认可的市场机会并不如预期的那样有吸引力，或者对市场机会的理解已经偏离了正确方向，这时就需要重新分析市场机会。
- 终止：如果支撑项目可行性的关键假设被证明是错误的，就要考虑通过终止项目的方式来止损。

（6）规模化运作

从 MVP 验证阶段进入规模化运作阶段，往往意味着市场拓展的力度需要进一步强化，同时开发模式可能也需要调整。此时，企业要结合具体情况关注客户体验、市场覆盖率、营收目标、运营效率等相关指标。无论产品刚刚推向市场还是销量正在快速提升，企业都要特别关注客户体验。好的客户体验可以进一步促进销售，差的客户体验不仅影响获客，还预示着项目的失败风险。

> **案例**　通过美捷步的创业过程进一步理解迭代开发模式

1999 年，尼克·斯威姆（Nick Swinmurn）为了买到一双合适的鞋，在旧金山跑了多家商店。但是，这些商店要么没有合适的款式，要么没有合适的尺码，最终斯威姆一无所获。就连在旧金山湾区都不能找到一双自己想要的鞋，可想而知，类似问题大概率也会在其他地方发生。这时，斯威姆想到可以通过线上售鞋的方式为消费者提供更多的选择。之后，他创建了 ShoeSite 网站。

斯威姆在创业初期需要引入外部投资，于是找到了谢家华。后来公司更名为 Zappos（中文名称为美捷步），谢家华初期以投资人和顾问的身份参与了公司的业务。美捷步后来又经历了多次生死考验，为了帮助美捷步渡过难关，谢家华向美捷步注入了自己投资公司的全部剩余资金，并且自己也全职加入美捷步担任 CEO。经过 10 年的发展，美捷步年营收终于突破了 10 亿美元。2009 年，亚马逊通过股票兑换的方式收购了美捷步，交易额高达 12 亿美元（按照获监管机构批准时的股价计算）。成功收购美捷步后，亚马逊也少了一个发展潜力巨大的竞争对手。

---

企业踏入存在诸多未知因素的新业务领域时，如何把构想变为现实？美捷步的发展历程提供了一个鲜活的案例。我们可以用迭代开发模式解析美捷步案例。

（1）识别创新机会

1999 年，斯威姆通过自身经历发现了鞋类电商的创新机会。

（2）形成业务构想

面对线上售鞋的市场机会，应该如何设计相应的商业模式呢？我们通常会先看看其他人是如何实现线上售鞋的，然后弥补自己的短板。例如，先建立独立网站，然后准备库存，最后考虑招聘客服、营销等人员。但如果真的按照这样的方式操作，就会产生很大的风险，很可能花掉很多钱后发现此路不通。此时，斯威姆做鞋类电商的构想已经初步形成，只是具体如何实施的细节问题有待进一步明确。

（3）识别关键假设

如果鞋类电商是一个好机会，那么必须有一个基本前提：大家愿意在线上购鞋。当时，身为投资人的谢家华听到线上鞋店这一想法的第一反应就是抗拒，他认为没有人会不去现场试穿而选择线上买鞋，线上售鞋是一个糟糕的想法。

对于"消费者是否愿意在线上购鞋"这个问题，不同的人有不同的看法。当然，斯威姆也认真想过这一问题。他当时获得的数据显示：鞋业在美国是一个 400 亿美元的产业，其中 5% 是通过纸质目录邮购，并且是该行业增长最快的部分。在斯威姆做了一番陈述之后，谢家华也在一定程度上被现实中的数据所打动。

（4）设计 MVP 并验证假设

其实，斯威姆在找谢家华融资之前已经对"消费者愿意在线上购鞋"这一关键假设做了验证。他是如何进行验证的呢？斯威姆先注册了 Shoesite 域名，不过他接下来并没有进货，而是先帮助鞋店在线上售鞋，并且完全免费。斯威姆不收取鞋店任何费用，唯一的要求是对方要允许他给鞋拍照并把照片放到网上展示。只要有客户下单，斯威姆就去商店把鞋买下来并邮寄给客户。果然，斯威姆的方法奏效了，证明线上售鞋的方案确实可行。斯威姆用帮助鞋店在线上售鞋的方式证实了"消费者愿意在线上购鞋"这个假设。

（5）评估与决策

最核心的假设验证通过后，接下来要进入下一阶段的试错迭代过程，从而构建更加完善的商业模式并优化业务运作。

（6）规模化运作

对创业者来说，此阶段有两个关键事项——找人和找资金，而且资金往往是最难找的。为了实现规模化运作，斯威姆去找谢家华进行融资。最后，谢家华也凭借美捷步这家公司成了商界的焦点人物。

迭代开发模式可以简单地总结为：通过极简的原型产品在市场中进行试错学习，以最小成本快速验证产品是否符合用户需求并找出可行的改进方向。

迭代开发模式各环节的关键活动如图 6-9 所示。

企业在具体运用迭代开发模式时可以灵活变通，例如，在做一个大项目之前，先通过相关的小项目进行试错学习，从而加深对目标市场的理解。

| | 识别创新机会 | 形成业务构想 | 识别关键假设 | 设计MVP并验证假设 | 评估与决策 | 规模化运作 |
|---|---|---|---|---|---|---|
| 要点 | 关注真正值得做的事情 | 专注于目标客户群中的典型用户及关键场景 | 跳出固有思维，换位思考 | 从客户体验及商业可行性等多个角度进行验证 | 持续刷新认知，做有益的争论 | 关注客户体验的同时关注成本效率 |
| 关键活动 | • 洞察市场<br>• 识别机会<br>• 评估机会 | • 理解市场<br>• 形成初步构想<br>　– 产品服务<br>　– 商业模式 | • 分析关键成功要素<br>• 识别关键假设<br>• 更新关键假设 | • 验证方案设计<br>• MVP验证实施 | • 评估验证结果<br>• 优化业务构想<br>• 项目决策<br>　– 试错迭代<br>　– 规模化运作<br>　– 终止 | • 刷新目标与策略<br>• 评估市场表现<br>　– 客户体验<br>　– 财务目标<br>　– 组织成长 |

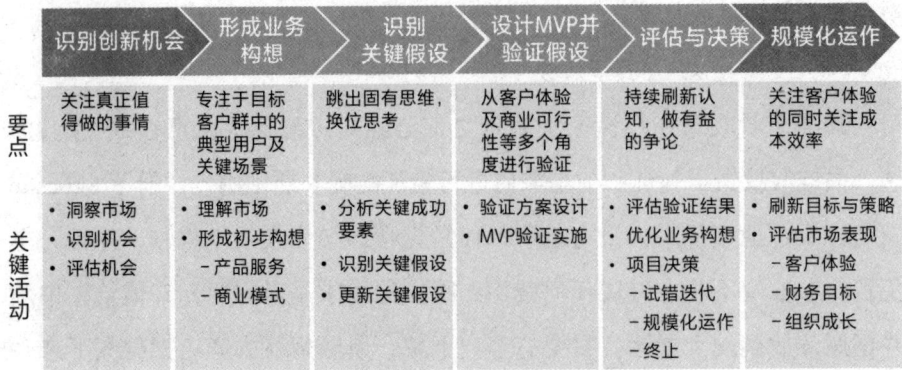

图 6-9　迭代开发模式的各环节的关键活动

　　小米手机能够快速上量的一个重要原因是小米公司先通过 MIUI 系统聚集了一批手机"发烧友"。MIUI 系统的成功强化了小米团队对手机产品的理解，为小米手机及小米公司商业模式的成功打下了基础。与此同时，MIUI系统也是小米手机的一个关键组成部分。因此，小米公司的做法相当于把大项目拆解出一个关键部分进行市场切入，令人不得不感叹其高明之处。

　　字节跳动的策略同样值得借鉴。字节跳动先从幽默搞笑类内容 App 切入市场，借此深入理解了用户，也积累了大量的用户，从而为今日头条的快速发展奠定了良好的基础。

## ▨ 本章小结

　　根据创新的不确定程度，我们可以把创新分为两类——在确定性市场中的创新和在非确定性市场中的创新。这两类创新的侧重点有较大的差异：在确定性市场中的创新追求一次性把事情做对，在非确定性市场中的创新则追求以最小代价试错和快速迭代。对于确定性市场的成熟业务，IPD 的理念和方法比较值得借鉴，对比较复杂的产品及解决方案来说更是如此。而对于非确定性市场的新业务，迭代开发模式是破解不确定性的合理选择。

# 第 7 章

# 价值变现：
# 从市场导入到规模化商业变现

> 无论我们认为自己的产品有多优秀，产品最终都要由市场来检验。只有产品被市场所接受，创新的目标才有可能达成。如何把一项创新快速导入市场并实现规模化变现？这正是本章要介绍的内容。

# 7.1　把创新推向市场时面对的主要挑战

把一项创新快速推向市场并实现规模化销售是一个不小的挑战，尤其是在新业务领域。一家主营业务为炒菜机器人研发与销售的初创企业，在将第一代产品推向市场时信心满满，但餐饮企业相对消极的反馈让其意识到还需要进一步优化产品。但是，当团队对产品进行迭代后又发现新冠疫情导致餐饮企业缺乏足够的资金。当然，这并不意味着成熟企业现有业务领域内的创新就很容易成功。例如，一家电力设备企业通过技术创新研发了一款新型的大型设备，但竞争对手早于该企业向市场推出了性价比更高的同类产品。类似的挑战并不局限于中小企业，包括华为在内的知名大企业的新业务依然会面临挑战。例如，华为早期发布的 Mate 1 和 Mate 2 两款手机销量平平，直到 Mate 7 才成为当时的爆款。

本章将重点结合 B2B 业务场景介绍价值变现，其中的很多理念和方法也适用于 B2C 业务场景，只是需要灵活运用。这里所说的 B2B 业务场景，既可以是复杂的解决方案，如通信网络解决方案、园区建筑设计方案、电力系统解决方案等；也可以是简单的产品乃至原材料，如工业油漆、电子元器件等。而在 B2B 业务领域中，不同的行业所面对的市场环境也会有所不同。例如，与为运营商提供通信设备的厂商相比，手机产业链中的厂商显然面临更快的市场环境变化。这一方面是因为后者更贴近终端消费者，另一方面是因为竞争壁垒。

下面以高通为例说明把新业务推向市场所面对的挑战。高通在成立之初就是一家明星企业，虽然它并没有发明最初的 CDMA 技术，但它让 CDMA 技术逐步完善并在通信行业发扬光大。把 CDMA 技术推向市场的过程充满了艰辛，高通前后花了大概 10 年的时间才度过了生与死的煎熬，之后进入快速发展阶段。

---

**案例** 高通在起步阶段面对的市场挑战

高通创立于 1985 年，总部位于美国的圣迭戈市。高通在 2021 财年实现营收 335.66 亿美元，同比增长 43%。高通创立之初就有深厚的技术背景，其创始人雅各布斯和安德鲁·维特比（Andrew Viterbi）在通信技术领域声名显赫，这为高通早期快速赢得订单创造了有利条件。

在成立之初，高通就锁定了无线通信领域，并立足于扩频技术。一开始，高通从运输行业切入，开发用来追踪卡车位置的卫星通信系统 OmniTRACS。虽然 OmniTRACS 最终取得了商业成功，但是把其推向市场的过程经历了需求不匹配、资金紧张、质量问题等多重挑战。在 OmniTRACS 成功商业化之后，高通开始关注如何把用于卫星通信项目的扩频技术进一步应用在地面移动电话网络中。但此时通信行业都寄希望于通过时分多址技术（TDMA）实现通信网络的升级（由 1G 升级为 2G），业内对码分多址技术（CDMA，一种扩频技术）的认知度较低。

在这种情况下，高通特立独行地推广 CDMA 技术必然要面临更大的挑战。虽然市场并不看好高通提倡的 CDMA 技术，但高通没有放弃。最终，在高通完成了两次关键的 CDMA 系统演示后，市场中对 CDMA 技术认可的声音多了起来。

为了赢得商业成功，除了要转变电信运营商的态度，高通还需要亲自推动 CDMA 技术至少在美国本土成为电信行业的标准，并且要推动基于 CDMA 技术的相关网络设备及手机终端的规模化生产。最终，在高通的努力下，这些都变成了现实。

---

成立初期，高通在把自己的产品及技术推向市场的过程中遇到了诸多挑战，包括 OmniTRACS 的市场定位不精准导致多次调整方案、CDMA 技术在初期不被市场认可、产品交付速度难以匹配市场需求等。

我们仔细观察各类创新产品或业务被推向市场后的表现就会发现，不同的企业遇到的问题有一定的共性，典型的共性问题如下：

- 新产品与市场需求匹配度不高，产品并不是市场真正需要的；
- 缺乏对市场的深入理解，营销策略层面的深度思考不足；
- 销售团队对新产品缺乏理解和信心，担心万一搞砸就会影响客户关系及品牌声誉；
- 整体计划不清晰，工作混乱，执行效率低下；
- 资源有限且过度分散，导致新产品上市后一直难以取得突破；
- 组织能力薄弱，过于依赖少数个人。

3 种典型的产品生命周期曲线如图 7-1 所示。

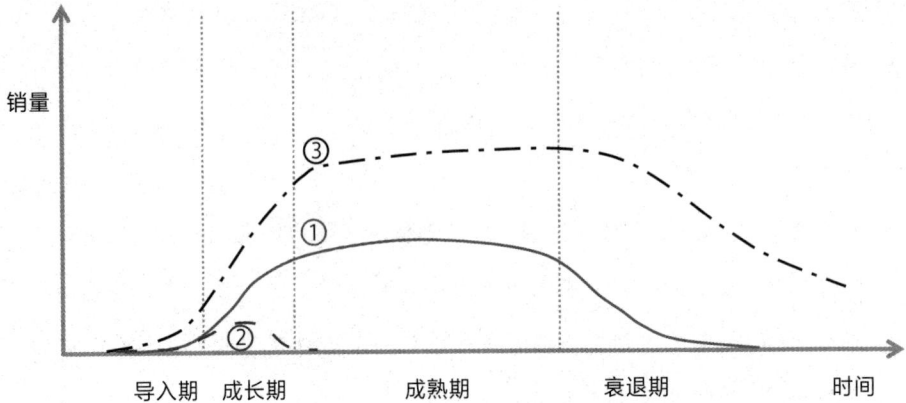

图 7-1  3 种典型的产品生命周期曲线

**曲线 1**：把一项新产品推向市场后，销量没有完全达成预期目标但基本接近。虽然没有达标，但是结果勉强可以接受，这种情况经常发生。实际上，当团队复盘整个新产品上市过程或把产品销量与标杆进行对比后就会发现自身的差距。例如，尽管高通的 OmniTRACS 后来也取得了商业成功，但是复盘之后就会发现整个项目过程还是走了不少弯路。

**曲线 2**：新产品销量上升非常缓慢，没有上量就被市场淘汰。这样的结果远不及预期，企业往往难以接受。有时，企业通过改变营销策略可以提升新产品销量，但是销量增加有限。发生这种情况，往往是因为新产品本身有严重的问题，并且第一批客户体验新产品后总体上给出了负面的评价。例如，前面提到第一代炒菜机器人就属于这种情况。

**曲线 3**：由于各项保障工作准备充分，新产品在上市早期快速上量，并且客户满意度较高。之后，产品在较长时间内维持了较高的销量。发生这种情况，往往是因为产品本身的竞争力比较强，而且营销及供应等方面的保障也比较有效。例如，前面提到的 Mate 7 系列手机就属于这种情况。

# 7.2 如何高效地实现市场导入及规模化上量

以石头科技这家公司为例，小米公司投资石头科技意味着石头科技的营销渠道已经打通。为了确保新产品成功导入市场，此时最核心的工作就是集中精力及时推出有竞争力的产品并做好产销协同。最后，石头科技不负众望，在新产品推出当年就实现了 1.83 亿元的营收。

把新产品推向市场要面对多种挑战，企业如何高效地实现新产品的市场导入及规模化上量呢？对此，企业需要重点关注三个方面。

- 要事为先：理解现阶段的核心挑战。
- 价值匹配：产品或服务的价值与市场需求相匹配。
- 业务增长：赢得更多客户的信任并留住客户。

下面结合高通的案例进一步说明上述三个方面的内容。

## 7.2.1 要事为先：理解现阶段的核心挑战

要把创新顺利推向市场，就要避免陷入具体的工作细节，而要先识别当前阶段的核心挑战。如果抓不住主要矛盾，就会把有限的资源和时间浪费在无关紧要的细节上，从而错失良机。虽然把产品或服务推向市场时要做全方位思考，但往往只有少数几个关键要素对成败起着决定性的作用。不同的企业所处的市场环境不同，相应的产品或服务的优劣势也不同，所以面对的核心挑战也有差别。其中，常见的三个核心挑战是产业链生态不完备、客户体验盲区、同质化竞争。

（1）产业链生态不完备

当企业向市场推出全新的产品时，往往会有一个明显的劣势，那就是支持其发展的产业链生态还不完备。例如，高通主推的 CDMA 技术比

TDMA 技术有更好的性能表现，但最初支撑 CDMA 技术发展的上下游产业链并不健全。

**案例** 高通在发展初期与合作伙伴共建 CDMA 技术产业链

高通团队经过努力，虽然在 1993 年成功推动 CDMA 技术成为行业标准之一，但相关授权厂商对 CDMA 手机及系统设备的研发与生产并不积极。合作伙伴相对消极的态度显然会影响 CDMA 技术的推广和应用，因此高通不得不改变策略并加大投入力度，即通过与厂商合资的方式参与 CDMA 手机及系统设备的研发、生产及销售。

在此策略的指引下，1994 年高通先与索尼设立合资公司，主导 CDMA 手机业务；之后与北方电信公司设立合资公司，主导系统设备业务。后来，为了消除合作伙伴的顾虑，高通于 1999 年决定不再直接参与手机和系统设备业务，而是聚焦 CDMA 技术及芯片研发。对当时 60% 收入都来自手机部门的高通来说，放弃手机业务确实是一个艰难的决定。但是，从高通当前取得的行业地位来看，当时这一业务重心的调整无疑是正确的战略决策。

---

高通在推动 CDMA 技术成为行业标准后，开始重点推进基于 CDMA 技术的手机和系统设备的产业链建设。正是因为高通的管理层看清了推广 CDMA 技术所面临的核心挑战，所以才能做到有的放矢。

（2）客户体验盲区

企业推出的新产品或新服务往往比原有的主流产品或服务有明显的局部优势。换句话说，就是在某些方面很好地解决了既有产品或服务的不足之处。但是，新产品或新服务往往会在客户体验方面带来一些新问题，而这些新问题可能是意料之外的，我将其称为客户体验盲区。

| 案例 | 电子签约业务面对的市场挑战 |

　　随着移动互联网及数字经济的快速发展，电子签约业务开始受到越来越多的关注。与传统的纸质签约相比，电子签约能给客户带来更多的价值，如高效率和低成本。不过，目前电子签约的行业渗透率比较低，集中度比较高。国内比较知名的相关企业有 e 签宝、法大大等。在推广电子签约业务初期，相关企业要面对电子合同的法律效力、数据安全、用户习惯的转变、生态环境构建等一系列挑战。虽然现在不少问题已经解决，但是客户体验仍然是相关企业需要重点关注的。签约双方在使用电子签约业务之前，都要成为注册用户。作为潜在的企业用户，很多公司没有使用电子签约业务的原因之一是觉得注册操作烦琐且不愿改变原先的签约习惯。甲乙双方企业只要有一方没有完成注册，就会导致双方无法使用电子签约业务。因此，如何引导用户进行注册并改变其使用习惯是推广电子签约业务的关键工作之一。相关企业要结合当前业务的发展阶段及各个目标市场的实际情况，有针对性地制定对策。

　　很多人可能对电子签约业务不太了解，我们再看一个电商行业的例子。2003 年 5 月成立的淘宝为消费者提供了一个新的购物平台，按理说价格便宜这一点足以吸引不少价格敏感度高的消费者，但淘宝初期的市场表现并没有预想的那么好。那么，到底是什么问题阻碍了当时淘宝的发展？核心问题就是线上交易与之前买卖双方所习惯的线下交易有很大的差别，买卖双方缺乏互信并担心交易风险自然会影响交易的达成。后来，淘宝推出第三方支付担保工具支付宝，交易风险问题迎刃而解，淘宝的发展也开始进入快车道。从上述案例可以看出，当企业向市场推出新产品或新服务时，既要关注自身优势，也要关注之前被我们忽视但对客户却非常重要的体验问题。

（3）同质化竞争

在一些领域，即使我们对产品进行一定的创新，也难以摆脱同质化竞争。此时，面对激烈的市场竞争，如果我们仍然把视线局限在一款产品上，就很难找到解决问题的方法。我们需要跳出单点思维，以全局思维思考并解决问题。例如，电力仪表硬件产品属于低价竞争市场，聚焦于产品的微创新难以解决低价竞争的问题。不过，虽然仪表硬件产品不赚钱，但是配套的管理软件仍有较大的盈利空间。一家山东企业通过提供"仪表＋管理软件"的产品组合开展差异化竞争，最终获得了不错的利润和市场份额。而那些仍然只销售电力仪表硬件的企业，其业绩恐怕只会每况愈下。

当把一项新产品或新业务推向市场时，不同的企业会面对不同的情况，但都要思考两个核心问题：

- 从所处行业来看，把新产品成功推向市场的关键是什么？
- 结合自身优劣势来看，什么因素会成为核心障碍？

要想回答这两个问题，企业就要对市场有深刻的洞察，并根据不同阶段的业务挑战动态调整业务策略。

## 7.2.2　价值匹配：产品或服务的价值与市场需求相匹配

真正给企业带来巨大商业成功的创新，其共同特征不是这一创新有多么与众不同，而是更好地满足了客户需求并为客户创造了更大的价值。在把创新全力推向市场之前，最基础也是最重要的工作就是确保产品或服务的价值与市场需求相匹配。

前面高通的案例提到了卫星通信系统 OmniTRACS。其实，该系统从最初的产品构想到最终被市场所接受经历了多次方案变更。最初，该系统对应的市场需求是通过卫星实现从调度中心到移动卡车的单向通信。但是，项目团队把具有单向通信功能的通信系统推向市场后发现，用户并不喜欢单向系统，更愿意考虑双向通信系统。于是，项目团队不得不根据市场反馈调整系统设计。但开发出双向通信系统后，他们又发现这还不足以打动用户，因为此时市场需要一套完整且便于使用的解决方案。在这样的背景下，OmniTRACS 历经多次需求和系统设计修改才终于成功推向市场。

我们通过这个案例可以看出，做好产品与市场之间的匹配考验着企业对市场需求的理解深度。有些企业容易对自己的新产品盲目乐观，认为在开发阶段就已经充分理解了客户需求及竞争对手的弱点，所以匹配客户需求不是问题。但是，这种心态忽视了一个现实，那就是企业自认为的产品优势与客户的真实看法会有所不同。在现实中，深入理解客户需求比我们想象的要难，因为有时连客户也说不清楚他们的真正需求是什么，或者他们只是呈现了表象需求而已。如果企业只是被动地理解客户需求，就很可能需要多次返工，项目进度受到影响也就在所难免。这其实凸显了做好客户需求管理的重要性。

高通的 OmniTRACS 虽然走了一些弯路，但最终还是获得了成功。然而，现实中大量的创新最终都失败了。

下面我们一起看看 3D 打印的案例。

**案例** 曾被寄予厚望的 3D 打印为何无法快速发展

3D 打印技术比传统制造技术更加灵活，能以计算机图形数据为基础制作出结构更复杂的部件，且无需机械加工或模具。目前，3D 打印技术已被应用于航空航天、医疗器械、汽车、个人消费品等多个领域。大约在 2012 年，3D 打印开始变得广为人知并备受期待，其主要原因如下：

- 在生产制造方面，3D 打印可以简化生产流程、节约材料、降低库存，在某些场景下极大地提升生产制造效率；
- 在对人员和场地的要求方面，3D 打印使普通人也可以摆脱工厂的束缚并具备独自制造个性化产品的能力。

2013 年，我遇到一位 3D 打印行业的创业者，当时 3D 打印是热门的创业领域之一。我通过与他的交流能够感受到他对从事 3D 打印行业的自豪感，他还说正在筹划 2 年内公司上市。不过，3D 打印技术其实并没有大多数人所想象的那么完美，现实情况让 3D 打印业务的热度降了下来，那位创业者的上市梦想也随之破灭。

现在回头看 3D 打印行业的发展，虽然行业整体已经有了不小的进步，但是显然与大多数人的预期仍有较大的差距。影响该行业发展的关键瓶颈是什么呢？我认为主要有两个。

- 成本效率：3D 打印的核心优势是不依赖模具，可以制造个性化的、结构复杂的零部件。但是，在主流市场中，与当前的制造模式相比，3D 打印仍然难以在规模化生产方面具备成本及效率优势。
- 材料和工艺：材料种类较少和性能不足严重制约了 3D 打印的应用。工业领域及家庭消费领域的打印材料种类有限，导致生产出来的产品在不少场景中无法满足需求。例如，材料和工艺限制导致打印出来的金属元器件强度不足、光滑度不够等。

简单来说，成本、效率、材料、工艺等方面的限制导致 3D 打印很难被应用到批量化的大规模生产中。在这种情况下，3D 打印只能停留在相对小众的市场中，与人们的乐观预期相距甚远。

　　我们通过 3D 打印的案例可以看出，人们在特定阶段往往会对一项新技术过度乐观。从高德纳提出的技术成熟度曲线来看，市场对技术创新的价值判断有一个从非理性到理性的过程。技术成熟度曲线把新技术从出现到成熟的过程分成了 5 个阶段（见图 7-2）。这 5 个阶段描述了市场对一项新技术的期望值随着时间的变化。该曲线可以提醒我们既不要在新技术发展早期盲目乐观，也不要对新技术的长期发展过度悲观。

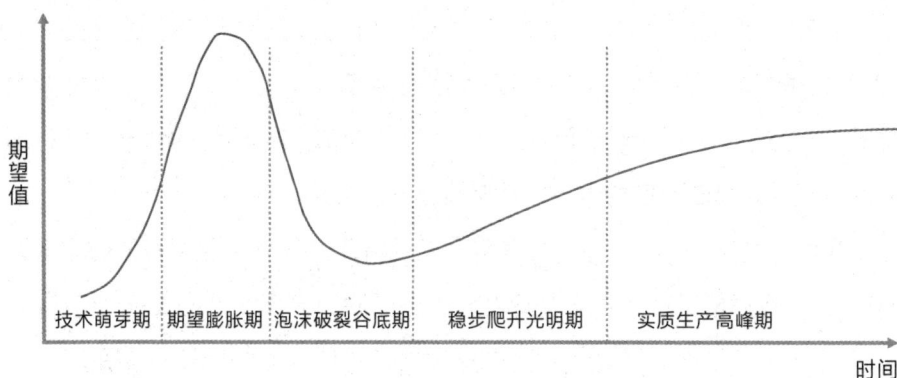

图 7-2　高德纳提出的技术成熟度曲线

- 技术萌芽期：新技术诞生后逐步有了突破，媒体报道开始增多，大众对新技术的期望值开始攀升，但此时人们忽视了新技术仍处于发展早期且不够成熟。

- 期望膨胀期：随着媒体曝光的增加及新技术市场应用的推进，大众的预期迅速达到高点。新技术看上去前景广阔，但还没有在市场中被充分证明其价值符合人们的预期，之后市场中开始出现不少失败案例。

- 泡沫破裂谷底期：新技术与大众期望值差距太大，较差的市场表现导致其价值被质疑。负面信息开始取代正面信息占据主导地位，之后新技术逐步被大众忽视，但依然有一部分团队坚信该新技术并在相关领域坚持。

- 稳步爬升光明期：随着新技术的逐步成熟，成功案例开始增加。新技术开始获得更多的积极评价，曝光度开始提升。
- 实质生产高峰期：经过持续的迭代演进，新技术变得成熟，其价值被更多的市场接受，应用深度及广度不断增加。同时，新技术对行业的发展也起到了积极的推动作用。

我们结合技术成熟度曲线来看 3D 打印，就会发现很多创业公司都是在期望膨胀期进入该领域的。此时，如果创业团队对 3D 打印有过高的期望（例如，希望快速做大产业），那么大概率会遭遇失败。相反，如果创业团队对 3D 打印的优劣势判断相对理性，那么在知道其局限性的情况下进行创业反而更容易找到精准的市场，并坚持到成功的那一天。

我们通过高通和 3D 打印的案例可以看出，大部分企业会高估而非低估新产品（新技术）的价值及市场表现。主要原因有两个：一是企业对客户需求的理解存在一定的偏差，但自身又比较自信；二是即便企业在产品开发初期对市场的理解比较深刻，市场本身也会发生动态变化。

企业在真正投入大量资源做营销之前，一定要确保产品或服务的价值与市场需求相匹配。显然，如果等产品开发出来后才发现其与市场需求不匹配或不具备竞争力，那么代价将是巨大的。因此，企业需要从产品规划阶段开始就一直关注产品价值与市场需求的匹配度，直到把产品推向市场后做最终的市场验证。如果产品开发过程采用的是迭代开发模式，那么迭代过程本身就是不断调整优化产品以使其与市场相匹配的过程。无论采用何种开发模式，最终比拼的都是整体的成本效率。当然，有时产品与市场是否匹配并不是那么显而易见，毕竟市场表现是多种因素综合作用的结果。此时，企业就要进行有针对性的验证。哪些迹象能够表明新产品与市场需求具有较高的匹配度呢？下面的四个迹象比较典型：

- 把新产品呈现给感兴趣的早期客户后，他们愿意购买并对产品体验有较高的满意度；

- 客户体验新产品后，愿意把其作为购买的首选对象，同时愿意将其推荐给合作伙伴及朋友；
- 有一部分新客户是由老客户推荐来的，这说明口碑传播已经真正开始导流；
- 竞争对手的客户开始放弃竞品并购买我们的新产品。

反之，如果把新产品呈现给感兴趣的早期客户后，原先的意向客户都犹豫不决甚至拒绝购买，或者客户购买了新产品但是体验后比较失望，我们就要找出背后的问题并予以解决。

价值不匹配的主要原因如下：

- 新产品的核心卖点与客户的核心需求匹配度不高；
- 新产品要求客户改变使用习惯，客户接受新产品需要一个转变的过程；
- 新产品投入较高，客户对投资能否实现预期回报持怀疑态度；
- 竞争环境有所变化，竞争对手也推出了同类产品，甚至优于我们的产品；
- 我们所关注的客户群体并非匹配的目标客户，需要重新锁定目标客户。

要想保证产品价值与市场需求相匹配，关键是要把早期工作做到位，尤其是产品的规划和定义。在前文的电力设备新产品失败案例中，我们发现其失败的根本原因是产品竞争力不足。既然产品竞争力是核心瓶颈，该企业就要反思今后如何在新产品规划及开发阶段确保产品具有竞争力。这就要求营销团队充分发挥"营"的职能，把提升产品市场竞争力作为一项重要工作。同时，研发团队也要有人主动贴近客户，深入理解客户需求场景。但只做到这些仍然不够，企业还要思考如何在产品开发的整个过程中时刻关注市场的动态变化，并把相关信息作为决策过程的重要输入。当然，如果竞争对手在相关领域内拥有难以超越的核心竞争力，那么企业最好另辟蹊径，避开直接竞争。

## 7.2.3　业务增长：赢得更多客户的信任并留住客户

在营销层面，企业要关注如何持续获取新客户并通过好的体验留住客户。客户从了解一款新产品到最终真正接受它需要一个过程，企业要在吸引更多目标客户的同时思考如何赢得他们的信任，这样才能形成业务的正向循环。从营销策划的角度来看，这一过程涉及营销活动组合的设计。

这里有必要提一下 AIDA[①] 模型，该模型将客户购买产品的心理过程分为四个阶段，分别是引起注意、激发兴趣、刺激欲望和促成交易。为了强调客户体验，这里把 AIDA 模型进一步扩展为五个阶段——引起注意、激发兴趣、建立信任、促成交易、体验感知。

下面结合 B2B 和 B2C 业务场景，对各个阶段的核心问题及典型活动做简要介绍，如图 7-3 所示。

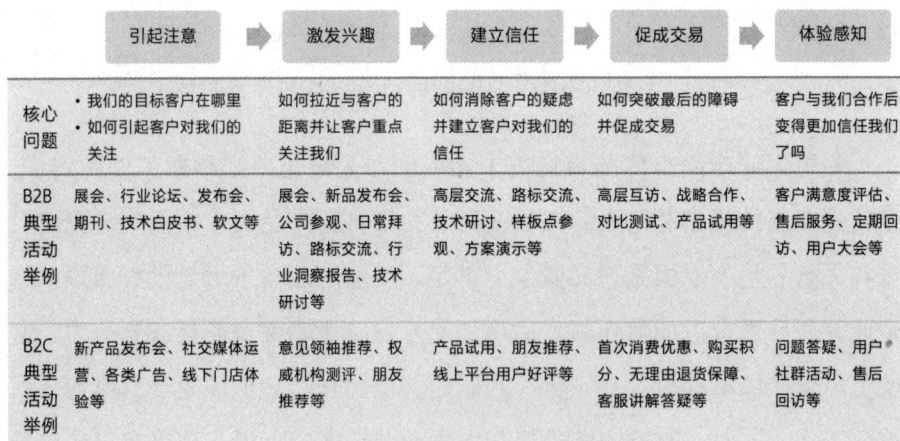

| | 引起注意 | 激发兴趣 | 建立信任 | 促成交易 | 体验感知 |
|---|---|---|---|---|---|
| 核心问题 | • 我们的目标客户在哪里<br>• 如何引起客户对我们的关注 | 如何拉近与客户的距离并让客户重点关注我们 | 如何消除客户的疑虑并建立客户对我们的信任 | 如何突破最后的障碍并促成交易 | 客户与我们合作后变得更加信任我们了吗 |
| B2B 典型活动举例 | 展会、行业论坛、发布会、期刊、技术白皮书、软文等 | 展会、新品发布会、公司参观、日常拜访、路标交流、行业洞察报告、技术研讨等 | 高层交流、路标交流、技术研讨、样板点参观、方案演示等 | 高层互访、战略合作、对比测试、产品试用等 | 客户满意度评估、售后服务、定期回访、用户大会等 |
| B2C 典型活动举例 | 新产品发布会、社交媒体运营、各类广告、线下门店体验等 | 意见领袖推荐、权威机构测评、朋友推荐等 | 产品试用、朋友推荐、线上平台用户好评等 | 首次消费优惠、购买积分、无理由退货保障、客服讲解答疑等 | 问题答疑、用户社群活动、售后回访等 |

图 7-3　营销活动策划的五阶段模型

---

① AIDA 是 Attention、Interest、Desire 和 Action 的首字母缩写词。

图 7-3 中列出的典型活动仅供参考，企业在使用该模型时要结合自身的具体业务进营销活动策划。

在客户成交的过程中，最具挑战性的任务就是建立信任。这里所说的信任既包括对具体产品和服务的信任，也包括对整个公司和品牌的信任。一般来说，建立信任需要一个长期的过程，但信任是可以传递的。标杆客户在本行业甚至跨行业都具有较大的影响力。因此，标杆客户的信任可以产生较强的辐射力。

在 B2B 市场中，标杆客户主要指细分领域中具有影响力的第一梯队客户。例如，在面向电信运营商的 B2B 业务领域，华为成功突破英国电信客户后就在欧洲市场树立了标杆，从此欧洲市场的拓展进度大大加快。在手机行业，苹果公司和华为的供应商更容易被其他手机品牌商所信赖，因为这两家企业是行业标杆。

在 B2C 市场中，大家经常提到的意见领袖（Key Opinion Leader，KOL）类似于上面提到的标杆客户，他们是在相应领域拥有较大影响力的人，如专家、达人、演艺人士等。如果企业能得到 KOL 的支持，就可以快速影响其所连接的用户群体。例如，因为演艺人士对其粉丝有天然的影响力，所以他们使用或代言的产品更容易获得其粉丝的信赖。特斯拉的早期客户中有两类比较特殊的群体，一类是好莱坞明星，另一类是硅谷企业家。这些有光环的早期用户产生了非常强大的传播效应。

当然，如果产品经受不住市场的考验，这种效应就难以发挥作用，甚至会产生负面影响。这正是要把价值匹配问题放到业务增长之前讨探的主要原因，好产品才是营销工作的基础。对企业来说，无论产品面向 B2C 市场还是面向 B2B 市场，都有必要对哪些客户有望成为标杆客户进行深入分析，并投入较多的资源进行突破及提供服务保障。

企业除了要在客户购买产品前赢得客户信任，还要关注客户购买产品后的体验，尤其要关注客户体验会对之前建立的信任产生何种影响。结合营销活动策划的五阶段模型来看，很多企业对客户体验的重视程度还不够高。以经营一家餐厅为例，如果完全依靠新顾客，就很难经营好餐厅。因此，不重视客户体验会对企业的业务发展产生不利影响。

下面再次回到高通的案例，看看高通在发展初期策划了哪些关键的营销活动。

**案例** 高通早期推广CDMA技术时策划的营销活动

美国电信工业协会于1989年正式选择TDMA技术作为美国下一代蜂窝通信标准的基础，这让当时高通主推的CDMA技术处于不利的局面。但是，高通并没有就此放弃，而是继续寻找破局之道。高通深刻理解也坚信CDMA技术在移动通信领域的巨大优势。为了将CDMA技术推向大众市场，高通策划了一系列的营销活动。

（1）让复杂的技术变得通俗易懂的传播活动。为了让大众更容易理解CDMA技术的优势，高通请公关公司策划CDMA技术的传播方案。最终，鸡尾酒晚会模型被提炼出来。在该模型中，人们利用各种通信技术进行通信的场景被类比为大家在一个鸡尾酒晚会中彼此交谈。其中，FDMA（频分多址）技术需要为彼此交流的人们分配单独的房间（一个房间只有一组人交流）；TDMA技术则通过进一步控制人们交流的时间段来提升单个房间的交流数量（一个房间可以安排少数的不同组分别在不同的时间段进行交流）；而CDMA技术可以在嘈杂的背景噪声下通过让不同组采用不同的语言及合适的音量进行更加有效的沟通。可见，CDMA技术不需要单独的空间就可以实现多组人的同时交流。鸡尾酒晚会模型通过浅显易懂的方式讲清楚了原本深奥的CDMA技术亮点，加速了CDMA技术的大众传播。

（2）行业论坛及技术研讨会。高通派高层代表参加各种行业会议并不断地向业内宣传 CDMA 技术的优势，从而消除业内人士对 CDMA 技术的偏见并吸纳更多的 CDMA 技术拥护者。

（3）眼见为实的系统演示。为了用事实消除大家的疑虑，高通搭建了 CDMA 通信系统，以演示 CDMA 技术的实际应用效果，从而让大家亲身感受 CDMA 技术的优势。这类系统演示在早期就进行了两次。

- 1989 年 11 月，高通联合一家运营商在美国圣迭戈进行第一次 CDMA 通信系统演示，最终取得了巨大的成功。
- 首次演示之后，很多业内人士要求在美国纽约这样高楼林立且人口稠密的区域对 CDMA 通信系统进行更加严苛的测试。1990 年 2 月，高通在纽约进行了 CDMA 通信系统现场演示并再次取得成功。

---

当然，高通推广 CDMA 技术的营销活动不止上述三类，还涉及标准制定等多个方面。通过高通的案例，我们可以看到营销活动策划的要点首先是设定目标，其次是围绕目标达成进行设计，最后是要关注执行效果。

下面看一个有关客户体验的案例。

> **案例**　**抢到的市场机会最终仍然会失去**
>
> 客户原本使用企业 A 供应的配件，但企业 A 因环保不达标被限期整改，所以企业 B 获得了向客户供应同类配件的机会。为了表示诚意，企业 B 提供了更低的价格。但对客户来说，从企业 A 切换到企业 B，更低的采购价格并没有换来更好的体验。客户为了应对企业 B 的配件质量问题，额外指派多名质检人员对配件进行二次人工筛选。不过，即使增加了二次筛选环节，仍有不良配件流入下一个环节，进而损害了客户

的品牌形象。因此，客户对企业 B 并不满意。在企业 A 恢复正常供货之后，客户很快恢复了与企业 A 的合作。就这样，企业 B 刚到手的大客户很快又被竞争对手抢回去了。

我们通过上面的案例可以看出，与客户成交只是合作的开始。要想与客户持续合作，企业就要有能力比竞争对手为客户创造更大的价值。例如，客户当初选择我们是为了提升其盈利能力并巩固其在行业中的领导地位，因此我们要关注客户与我们合作后是否真正达成了预期目标。如果没有达到客户预期，我们会有危机感吗？在现实中，很多企业往往只关注自己的业绩，只要把产品卖给客户并收到钱就可以了，对产品在客户一端的实际表现漠不关心。这正是大多数企业表现平庸的根本原因之一。

接下来，我们从时间维度分析营销活动应该如何开展。在与很多企业的交流中，我发现营销团队往往把精力放在产品开发完成之后的时间段。实际上，产品能否顺利推向市场还涉及产品正式发布之前的一系列准备工作，但很多企业在前期的准备工作并不充分。为了加速产品的上市进程，企业必须避免产品可以正式销售但营销准备工作还没做好的情况。这就要求企业在产品开发阶段就思考产品上市的整体策略及相关的执行计划，从而确保产品的营销活动与开发节奏相匹配。

那么，企业应该如何在产品开发的早期阶段启动相应的营销策划及准备工作呢？企业可以基于营销计划明确各个阶段的关键活动（见图 7-4），从而衔接好产品的开发与营销环节。

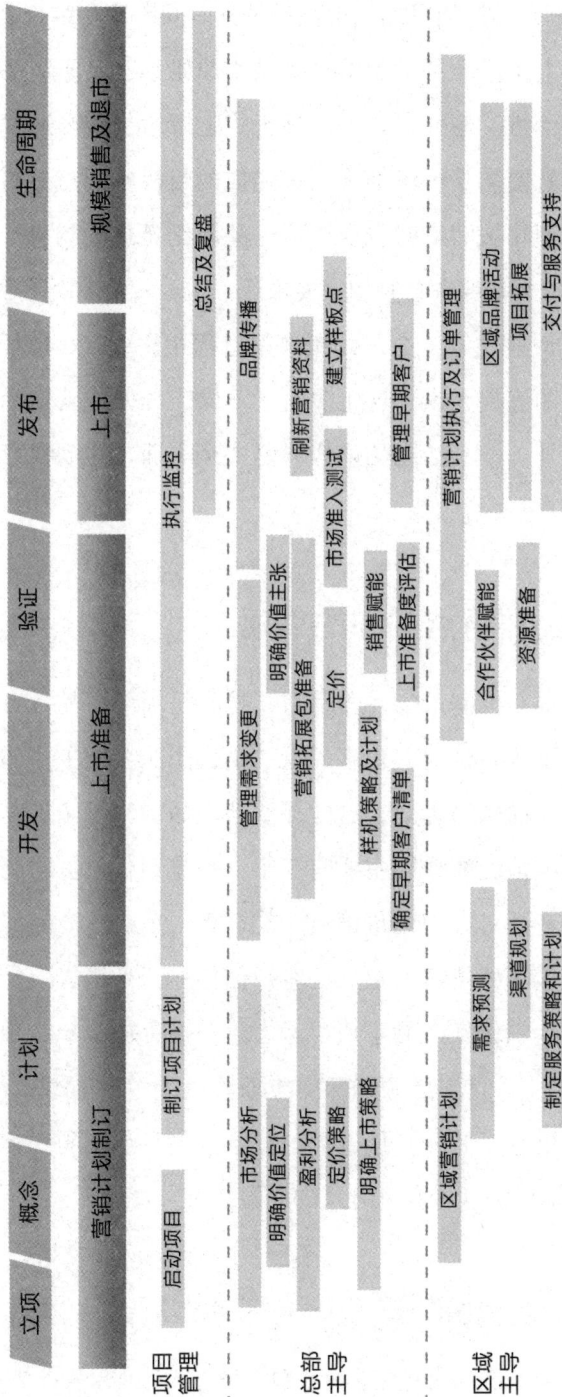

图 7-4　营销计划的关键活动

图 7-4 仅为示例，具体项目的关键活动及其时间顺序要结合业务特点进行统筹规划。规划上市前准备活动的一个基本原则是：基于产品上市时间点及工作要求进行倒推。例如，如果产品正式上市销售需要通过相应的市场准入测试，企业就要基于市场准入测试完成的目标时间点进行倒推，制订相关计划。在规划相关活动时也要考虑一些限制条件的约束，例如，准入测试对产品本身的准备度也会有相关要求。

与 B2B 市场相对理性且复杂的购买决策过程相比，B2C 市场的购买决策过程则包含更多的感性元素，这也决定了不同市场中的营销活动策划会有一定的差别。另外，营销活动的内容只是一个方面，活动执行质量及持续改进能力同样至关重要。

## 7.2.4　其他需要重点关注的事项

把一项新产品顺利推向市场并非易事，尤其是当新产品具有较大的创新性并面临较高的不确定性时。很多时候，销售团队会把更多的精力放在老产品上，而对新产品敬而远之，这就导致新产品的市场拓展需要面对更多的挑战。造成这种情况的原因主要有三个：一是销售人员对新产品理解不深，讲不清楚新产品对客户的价值；二是销售人员对新产品的真正价值存疑，担心新产品破坏好不容易建立的客户信任；三是销售人员从投入和产出的角度看，认为销售新产品不值得。当然，能否把新产品顺利推向市场还涉及销售组织设计、考核激励政策等方面。

限于篇幅，这里不再展开其他方面的内容，仅重点说明大多数中小企业仍在采用的销售提成制这种激励方式的局限性。

---

**案例**　难以兑现的销售提成

一家公司对销售团队实行销售提成制。平时，销售团队做的都是一些小单，项目提成按照公司规定的销售提成比例分配。后来，一个好消息传来：销售经理小王花了大概两年时间跟进的大客户总算有了突破性进展，项目进入了投标阶段。由于是大客户大项目，公司上下都不敢松懈，投入的资源非常多，但价格竞争非常激烈。最后，在各部门的支持下，再加上公司领导的特价审批，小王等到了项目中标的喜讯。拿到项目，小王自然非常高兴，两年的努力总算没有白费。按照公司的销售提成制，小王将获得一笔可观的收入。可是，到了提成结算环节，小王得到通知：业绩提成被打了很大的折扣，原因是项目的成交价格低，而且公司各部门都在这个项目上投入了大量资源。

---

对于上面这个案例，每个人会有不同的见解。有些人会说，从公司的角度来说，降低提成比例是有道理的，毕竟项目的盈利水平下降了。有些人会说，上面案例中的问题根本不是提成比例的问题，而是销售提成规则不够细化，导致事后各方产生了分歧。

在企业发展的起步阶段，销售提成制是激励销售团队的一种常用手段，其激励结果可预见，而且管理相对简单。但是，随着业务的发展，其局限性会日益凸显，尤其是在需要团队协同才能拿下订单的场景中。

在 B2B 业务场景中，销售提成制需要面对的三个典型挑战如下。

- 销售团队按照当期销售额及利润进行提成，所以只关注短期业绩，对长期目标不够重视。
- 如果销售的是复杂产品或解决方案，那么仅凭销售团队难以做好销售项目，还需要跨部门团队协作。但是，因为销售提成只奖励给销售团队，所以其他部门或岗位支撑销售项目的动力不足。
- 如果只按照销售提成对销售人员进行激励，那么对客户资源进行再次调配时往往会遭到销售人员的抵制。

如果企业已经面临类似的问题，就要考虑调整考核激励方案。不过，单独调整考核激励方案往往难以奏效，还要同步调整组织架构及业务运作方式，相关要点请参考第9章的内容。

## ▰▰▰ 本章小结

本章主要结合B2B业务场景从三个方面对价值变现做了深入分析。

- 要事为先：理解现阶段的核心挑战。
- 价值匹配：产品或服务的价值与市场需求相匹配。
- 业务增长：赢得更多客户的信任并留住客户。

从市场机会洞察到价值变现，这一系列工作都是以客户为中心的业务运作过程中的关键环节，至此本书已经完成了对各关键环节业务要点的介绍。

# 第 8 章

# 组织与文化：
# 激发组织持续创新的无形力量

前面各章重点讲述了单个项目从机会洞察到商业变现的过程，本章将从经营的角度审视企业的创新力。那么，企业如何审视自身的创新力呢？企业当前的组织能力到底是在助力于创新还是在成为创新的绊脚石？本章将深入剖析相关问题。

提到创新的阻力，很多人也许会想到这样的场景：在等级森严的大企业中，高管们在评审会议上对项目进行决策。面对那些不确定性较大的市场机会，高管们的连续发问让提交相关项目的负责人哑口无言。随后，相关项目很快被否决了，因为企业追求的是大市场中的确定性机会。之后，高管们的态度会进一步向下传导，不确定性较大的市场机会基本上会在萌芽状态就被中层过滤掉。随着时间的推移，等级森严的大企业越来越缺乏创新活力。

虽然上述场景确实反映了一部分大企业创新乏力的情形，但是大企业并不一定就缺乏创新活力。例如，苹果公司、3M 公司、亚马逊、华为等都是创新力很强的企业。另外，虽然一些初创企业充满活力，但并不代表其创新力就一定很强，因为创新力的强弱不仅取决于是否敢于冒险，还要看能否赢得市场。

面对同样的市场环境，为什么有些企业表现出了非凡的创新力，而另一些企业在创新方面却表现平平呢？这些表现非凡的企业有什么共同特征？创新力不足的企业又有哪些关键缺失？下面开始阐述如何基于六大维度检验企业的创新力，这六大维度分别是业务战略、业务流程、组织架构、人才队伍、考核激励和企业文化（见图8-1）。

图8-1 检验企业创新力的六大维度

企业可以基于这六大维度进一步审视自身的创新力是受到了阻碍还是正在被激发。

- 业务战略：战略层面是否真正重视创新？
- 业务流程：业务流程是否有利于创新业务的开展？
- 组织架构：应该避免不同业务的冲突还是强化协同？
- 人才队伍：能否吸引优秀人才并持续突破团队的能力边界？
- 考核激励：考核激励方式能否让团队勇于面对挑战？
- 企业文化：能否营造出积极的创新氛围？

# 8.1 业务战略：战略层面是否真正重视创新

我们先思考两个关键问题：

- 我们在战略层面真正重视创新吗？

- 我们在做业务决策时是否包容不确定性？

如果难以在创新方面取得突破，企业首先要审视自身在战略层面对创新的重视程度及战略意图的最终贯彻情况。当被问到是否关注创新时，大多数企业家都会给出肯定的回答。但是，这种肯定的回答与在战略层面是否真正重视创新是两回事，尤其是当出现资源冲突时。而有一些企业由于多次经历了创新失败，所以会对创新敬而远之。

为了在战略层面做好创新的布局，企业需要重点关注两个方面——业务组合管理和业务决策标准。

（1）业务组合管理：现有业务组合是否具有长期可持续发展能力

在进一步探讨业务组合之前，我们先了解一下业务组合矩阵。业务组合有多种呈现方式，这里我们以业务成熟度为横轴，对应的营收为纵轴，把业务划分为四类，分别是新业务、成长型业务、核心业务和衰退型业务（见图 8-2）。注意，这种划分方式基于企业视角而非行业视角。例如，一家互联网企业引入智能手机业务时，虽然智能手机行业目前已经相对成熟，但是智能手机业务对这家企业来说是新业务。

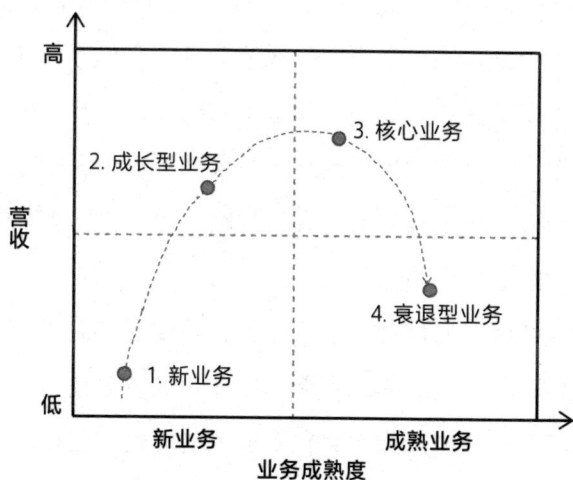

图 8-2　业务组合矩阵

- 新业务。当企业进入一个新的业务领域时，关键是要对新业务进行孵化。新业务发展到一定程度后，就有可能转变为企业的核心业务，当然也可能在过程中被淘汰。企业要结合自身业务布局孵化新业务，以便解决可以预见的业绩增长乏力问题。例如，GoPro 公司上市后开始孵化内容业务及无人机业务，但很可惜，这两项业务均以失败告终。

- 成长型业务。新业务孵化后得以存活并逐步增长，未来有希望成为公司的核心业务。例如，根据 GoPro 公司的 2021 年财报，订阅服务虽然不是其营收的核心贡献者，但在快速成长，有望带动 GoPro 公司未来几年的进一步发展。

- 核心业务。核心业务已经发展成熟，是创造营收的主力，往往贡献公司营收总额的一半甚至更高。例如，当前 GoPro 公司的核心业务仍然是运动相机，该业务是其立足市场之本。

- 衰退型业务。由于细分行业的市场空间瓶颈或企业自身市场竞争力下降等原因，核心业务的营收能力会开始下滑并最终转变为衰退型业务。

基于业务组合视角，企业在进行投资决策时既要确保核心业务的投入，也要考虑对新业务的孵化，以便应对当前核心业务的未来增长瓶颈。同时，企业还要在核心业务快速衰退之前完成新业务的布局。例如，古森重隆掌舵富士胶片后积极推动业务转型，他组织团队分析胶卷业务衰退之后还有哪些新业务能够支撑企业的未来增长，并最终选定了医疗生命科学、光学元器件等六大行业板块来构建新的发展战略。假设富士胶片缺乏提前应对措施，那么结局将是灾难性的。

企业要特别警醒，当自身在主营业务领域疲于应对时，往往就是失去创新力的时候。此时，企业如果不能果断地采取有效措施，就会陷入恶性循环难以自拔。企业即使想加大孵化新业务的力度，但是在连主营业务都已经难以保证资源投入的情况下，就更别说新业务了。因此，孵化新业务一定要未雨绸缪，不能等业绩严重下滑了才开始考虑孵化新业务。

（2）业务决策标准：当我们追求确定性的盈利预期时，那些明日之星业务也会被拒之门外

从战略视角来看，除了业务组合，另一个影响企业创新力的关键因素就是项目的决策标准。具体的决策要素会涉及多个维度，但其中最核心的就是对不确定性的态度和对利润水平的要求。

经营指标的压力可能会导致企业过于求稳，厌恶不确定性。一次，我与一家世界 500 强企业的中基层管理者讨论是什么原因导致企业内部的创新力不足时，绝大多数人都把企业对项目的决策标准作为第一个核心因素。

这正是很多企业面对的典型情况：各事业部每年都要面对业绩增长的压力，所以对每一个通过立项审批的项目都有较高的收益预期，即高于某个营收基准线。该基准线足以把一批短期盈利预期不高或存在较大不确定性的项目拒之门外，即使它们可能代表着未来的发展方向。由于缺乏详细的市场分析数据作为支撑，很多具有潜力但是不确定性稍大的项目甚至都过不了中层管理者这一关，更不要说将其提交给高层做决策。企业做决策时过于求稳就会丧失创新力。而这正是本章开头所描述的场景。

利润率是经常被行业内领先企业重点关注的指标。有些市场机会虽然是企业能力可及的，但是由于预期利润水平低于现有业务而被放弃。例如，我接触过一家业内领先企业，该企业针对新业务机会做决策时，有一项硬性指标要求是新产品毛利率要高于 50%。从短期的资源产出效率的角度来说，这个要求是完全合理的。但是，这种"一刀切"的硬性指标是否会让企业错过一些非常有潜力的创新机会呢？

如果企业已经意识到严苛的决策标准会导致自身错失那些潜力巨大的创新机会，就要进一步思考如何在战略层面破解这个难题。企业可以同时从两个方面入手。

**一方面，企业可以通过投资组合的方式确保新业务的投资比例，并对**

**新老业务的投资采用不同的投资决策标准。** 与成熟业务的投入相比，新业务孵化存在更大的不确定性。但从抗风险及可持续增长的角度来说，孵化新业务是具有战略意义的。拿出一部分资金作为新业务孵化的专项资金，同时对新老业务采用不同的决策标准，就可以在很大程度上解决新业务孵化的问题。华为在 1998 年定稿的《华为基本法》中明确：研发投入不低于营收的 10%。同时，华为又把研发费用的 10% 左右用于技术创新。近年来，华为确立了行业领导者的地位，其研发费用在总营收中的占比及技术创新投入在研发费用中的占比都有显著的提高。例如，根据 2021 年的财报，华为研发费用占当年营收的 22.4%。

另一方面，企业要把主营业务做好，这样才有资本加强对创新的投入。即使企业决定从总的研发费用中拿出一定比例的资金强化创新，但如果企业盈利前景不乐观，也会导致创新投入不足。因此，创新力较强的企业往往主营业务都做得比较好，只有这样才能确保企业有足够的资金可以投入研发。我接触的部分企业研发投入在总营收中的占比仅在 3% 左右，在这种情况下，如果总营收不能快速增长，就很难保证创新业务的投入力度。

## 8.2 业务流程：业务流程是否有利于创新业务的开展

我们先思考两个关键问题：

- 什么样的流程方法更适合当前的创新业务？
- 过去的成功经验可以直接复制吗？

业务流程是对特定条件下业务实践经验的总结和固化。第 6 章针对确定性业务领域和非确定性业务领域，分别介绍了集成产品开发和迭代开发两种开发模式。一般来说，企业开展一项新业务时会直接采用过去被证明有效的流程方法。大企业往往有自己成熟的流程体系，但如果把用于成熟业务的流程盲目地应用到新业务上，就有可能带来灾难性的结果。

**案例**　成熟业务的管理方法曾让 IBM 错失新业务机遇

　　IBM 帮助华为成功导入了著名的 IPD 体系，不过这样一位优秀的老师自身却在创新业务孵化方面遭遇过很大的挫折。当时，IBM 的管理较为完善，但其管理优势更多地体现在成熟业务领域，对新业务的孵化则不尽如人意。

　　知名管理专家加里·哈默（Gary Hamel）在《管理大未来》一书中描述了 IBM 当时所面临的新业务孵化困境。1999 年的一天，时任 IBM 总裁郭士纳阅读公司月报时发现自己亲自参与过的一个新项目因为无法实现原定盈利目标而面临被终止的命运。正在为 IBM 业务增长问题而苦恼的郭士纳突然意识到了问题的严重性，并开始反思为何有前景的新项目会面临如此命运。之后，IBM 请外部顾问进行问题诊断并寻求解决之道。顾问团队经过诊断发现，问题的根因并不是某个人的错误，而是系统性问题：IBM 正在用成熟业务的管理流程管理新业务。在这样的背景下，IBM 针对新业务孵化建立了一套新兴商业机会（Emerging Business Opportunity，EBO）管理体系。在 EBO 管理体系下，IBM 接受新业务的不确定性及投资回报的长周期性，从而赋予新业务更多的试错空间。EBO 管理体系得到推行之后，IBM 的创新业务开始有了明显的起色。

---

　　我们通过 IBM 的案例可以看出，过去的成功经验并不能确保未来的成功。克里斯坦森曾提到"良好管理反而会导致大公司的失败"，这其实是因

为"良好管理"是有适用条件的，就像当初 IBM 用成熟业务的管理流程管理新业务会失败一样。

企业要结合自身的业务特点灵活选择相应的开发流程。例如，微信这类即时通信软件可以快速迭代、不断升级，这不仅不会对用户体验产生负面影响，还会让用户觉得软件的改进速度很快。但是，提供给电信运营商的设备管理软件如果也是每隔几天就升级一次，就显然难以被客户接受。因此，不同的产品采用哪种开发策略和流程最终要结合产品及行业特点来确定。

## 8.3 组织架构：应该避免不同业务的冲突还是强化协同

我们先思考两个关键问题：

- 当前的创新业务与成熟业务之间存在资源及管理方式的冲突吗？
- 我们应该着力避免不同业务的冲突还是着力强化协同？

为了提升创新力，企业应该采用哪种组织架构呢？对此，企业要考虑两个典型场景。

**场景一：当现有的运作方式阻碍了创新时，创新业务就会更青睐相对独立的环境**

很多人认为创新业务应该有一个相对独立的环境，从而不让新业务受到现有业务的影响。这里所说的独立环境可以是被充分授权的业务部门，甚至是一家独立的子公司。我们身边就有诸多的成功案例证明了独立环境的重要性，如 IBM 早期的 PC 业务、腾讯的微信业务等。

在孵化 PC 业务时，IBM 打破了自己原来纵向一体化的业务模式，开始积极通过外部合作解决核心零部件供应问题，这也促进了其 PC 业务的快速成功。1981 年，IBM 的第一台 PC 面世，从而实现了在一年内快速推出 PC 产品的业务目标。从组织架构来看，IBM 之所以能按预期成功孵化出 PC 业务，主要是因为一个特立独行的团队领袖唐·埃斯特利奇（Don Estridge）带领开发团队远离了总部。远离总部的好处是，他的团队可以采用新的业务策略，而不受总部既有模式的干扰。

微信的开发团队同样处于一个远离总部的独立环境中。微信并没有诞生在腾讯的深圳总部，而是诞生在远离总部的广州团队，这是一个巧合还是另有原因？虽然腾讯内部有多个团队同时开发类似的移动社交产品，但为什么微信最终成功了？不可否认，张小龙对移动社交产品的独到理解及领导才能发挥了关键作用，但在腾讯总部孵化移动社交产品的团队也确实受到了一定的制约。吴晓波在《腾讯传》中描述深圳腾讯总部项目失败的原因时这样总结："功能上与 QQ 有太多的相似性""始终缩手缩脚，不敢决然投入"。从这个角度来看，张小龙领导的广州团队远离总部反而成了一种优势。其实，类似的案例还有很多，阿里巴巴的淘宝、钉钉的早期孵化都是在相对独立的环境中进行的。

正因为独立环境对创新业务如此重要，所以有些企业考虑成立独立的创新中心来破解创新乏力的问题。例如，一家企业通过建立单独的创新中心探索新技术及新的商业模式，谋求为未来发展进行布局。虽然这种做法的出发点是好的，但是要想获得预期的结果会面临诸多挑战。

**案例**　独立的创新中心为何找不到发力点

一家企业为了推动业务创新设立了单独的创新中心。但是，创新中心运作一段时间后便陷入了窘境：探索未来的新技术及商业模式需要持续的投入，而且短期内难以取得成果，这导致创新中心的团队难以找准发力点，甚至开始怀疑自身的价值。

后来，经过与公司管理层的深入沟通，创新中心开始调整方向，把工作重点放在了可与现有业务深度结合的创新上。创新中心的工作方向更加明确了，虽然与相关部门沟通协作仍有待加强，但相关创新成果已经逐步得到应用，这也增强了团队的信心。

---

企业要结合自身的实际情况（包括团队的能力）决定创新中心如何定位及有效运作。如果对如何开展创新业务缺乏系统深入的思考，那么新组建的创新中心必然会遭遇挫折。

**场景二：当更需要发挥既有的资源和能力优势时，可以通过强化协同运作助力创新**

苹果公司的 iPod、iTunes 及 iPhone 等改变行业的创新其实沿用了既有的产品开发模式及组织架构。华为无线通信领域的分布式基站和 SingleRAN 解决方案及数据通信领域的集群路由器都是其创新里程碑，而这些重大创新也是在华为既有的产品开发体系及组织架构下实现的。因此，"重大创新只能在成熟运作体系之外诞生"可以说是一种偏见。发挥资源与能力的协同效应能够有效地推动创新。

苹果公司选择了职能型组织，华为则选择了矩阵式组织，但两家企业都很重视创新资源与能力的协同效应。

作为科技创新企业的典范，苹果公司采用一种看似极端的职能型组织架构。苹果大学校长兼副总裁乔尔·波多尼（Joel Podolny）在 2020 年 11 月的《哈佛商业评论》上发表了一篇文章《苹果：组织结构皆为创新》，剖析了苹果公司的职能型组织架构及相应的管理模式对创新的积极促进作用。1997 年乔布斯回归时，苹果公司采用事业部制，每个事业部都对自己的损益负责。乔布斯在重新掌舵苹果公司的第一年就取消了事业部，将原来分散在各事业部的职能部门整合为一个职能组织，并将整个公司置于同一个损益表下。

让人意外的是，2019 年总营收已超过 2 500 亿美元的苹果公司仍然沿用了乔布斯时期的组织架构，只是增加了少许部门（见图 8-3）。为了实现持续创新，苹果公司的基本理念是构建以专业领域专家为中心的决策机制，即让专业的人对专业的问题进行决策。

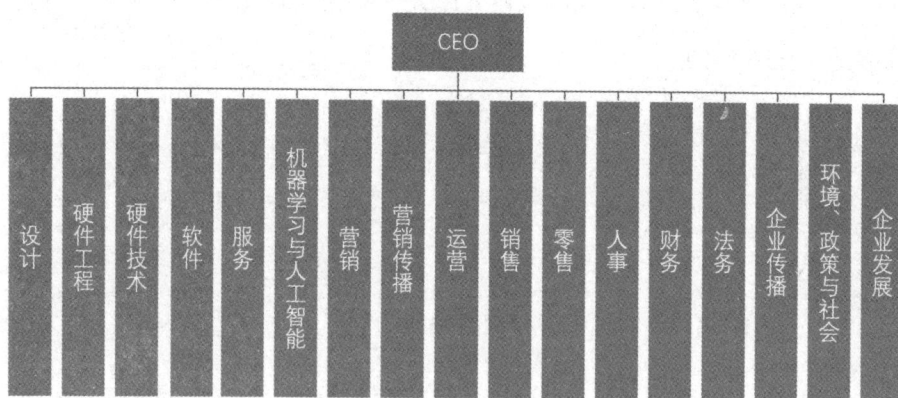

图 8-3　苹果公司的职能型组织架构

苹果公司的这种理念不是凭空产生的，而是基于两个关键判断：首先，苹果公司身处技术变革频繁且竞争激烈的市场环境，必须依靠对技术有深入理解的专家针对专业领域做出决策；其次，如果把短期利润和成本目标作为优先考虑事项，苹果公司就难以提供最好的产品。职能型组织的一个优点正好有利于专业技术的积累和专业人才的培养。因此，我们就不难理解苹果公司为什么采用职能型组织架构了。

不过，大企业要想借鉴苹果公司的这种组织架构确实会面对很大的挑战，一方面对管理者的专业能力要求较高，管理者既要有渊博的专业知识，又要愿意专注于细节；另一方面则需要企业建立强大的企业文化以支撑相应的运作方式，包括尊重技术权威、激发有益的争论、快速淘汰不胜任者等。

华为也是一家创新力很强的标杆企业。在国内企业中，华为在管理水平上可以说是一骑绝尘，并且保持着较强的创新力。当然，华为的创新风格与苹果公司有一定的区别。华为取得今天的行业地位是长期进行管理改进、厚积薄发的结果：从 1998 年开始导入 IPD，之后经过一系列组织变革才达到了目前的高度。从华为 2021 年的年报可以看出，华为的组织架构比苹果公司复杂很多，华为采用"业务单元 + 平台组织 + 矩阵式管理"的运作模式（见图 8-4）。

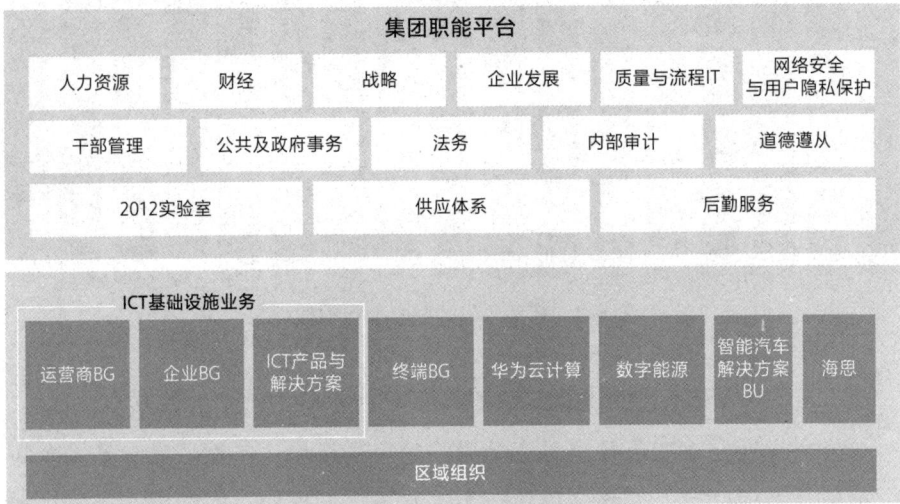

图 8-4  华为的组织架构

华为在组织设计方面的核心理念是组织设计与业务运作相匹配，强调以客户为中心、专业能力积累、平台资源复用及跨部门的团队协同。我们通过图 8-4 既可以看出不同业务之间的独立性，也可以看出平台对整体业务的复用价值。当然，在这张图背后还有诸多分层分级的跨部门团队。例如，华为的研发体系分为两大部分：一是以现有客户需求为导向的产品与解决方案的开发；二是面向未来的创新。从公司到产品线的管理决策团队再到具体的开发执行团队，都采用了跨部门的矩阵式组织运作方式来强化协同。这种组织架构兼顾了专业能力和组织协同的问题，从而提升了企业的运作效率和市场竞争力。

在现实场景中，企业在为创新业务寻找合适的组织设计时往往面临多重约束。企业可能既难以直接复制华为的组织架构，也难以直接复制苹果公司的运作方式。企业必须把握的基本原则是充分考虑业务冲突与资源能力协同两个要点，并找出关键矛盾的解决之道。

## 8.4　人才队伍：能否吸引优秀人才并持续突破团队的能力边界

我们先思考两个关键问题：

- 我们当前的团队更具开创精神还是已经思维固化？
- 创新型人才正在离我们而去还是被我们所吸引？

从人才的角度来说，创新一方面需要勇于突破的领导者，另一方面需要充满激情及好奇心的业务骨干。人才队伍的整体水平在很大程度上决定了创新的成败。雷军在小米公司成立 10 周年的演讲上回顾了小米的创业历程。对于如何组建一个优秀的团队，雷军提到找人要有足够的决心并花足够的时间。雷军在小米公司创办的第一年花了 80% 的时间找人，可见雷军对人才的重视程度。

创新团队设置哪些角色要根据业务而定，一般要关注成员角色的多元化、背景的差异化，当然，最核心的是结合具体业务确定对人才的能力要求。在现实中，我们往往无法一步到位打造出理想的团队，此时，我们更要理解当前人才队伍的现状与核心挑战是什么。

例如，有些团队虽然在行业内深耕多年，但由于思维局限无法在创新方面取得突破，这样的团队要寻找不同背景且充满激情的多样化人才，而且一定要确保团队领导者保持开放包容的心态。有些创业团队虽然思维活跃，有想法、有干劲，但是缺乏相关的行业经验，这样的团队要找业内的高手补齐自身的短板。有些团队创新力比较强，也有一定的积累，这样的团队要思考如何进一步发挥自身优势。

前文提到的安克创新就属于最后一种情况。安克创新拥有丰富的品牌出海运营经验。可以说，只要它能做出更好的智能硬件产品，就可以进一步发挥自身品牌运营能力的优势。因此，安克创新推出了"创业者集结计划"，通过百万级年薪寻找智能硬件领域的创新领军人才，希望借此做出更好的智能硬件产品。

有时，企业会对招聘优秀人才的高成本产生顾虑，如高薪酬及股票期权等。也许，换一个角度思考，企业就会愿意为优秀人才付出成本：招不到优秀的人才是否会导致项目失败，进而让整个团队一无所获？

## 8.5　考核激励：考核激励方式能否让团队勇于面对挑战

我们先思考两个关键问题：

- 面对未来的不确定性，整个团队是否都有紧迫感并把这种紧迫感转化为具体的行动？
- 业务骨干是否愿意为了长期价值而去积极尝试存在较大不确定性的项目？

企业通过考核激励除了可以对业务方向进行牵引，还可以充分激发组织活力。好的考核激励方式能够激发员工勇于突破的精神，但现实是大部分企业的考核激励方式让员工更愿意求稳而非冒险。例如，很多团队面对技术突破等困难，总是选择退缩。一方面是因为技术突破本身就很有挑战性，投入了资源也未必能产生预期的结果；另一方面则是因为考核激励机制不合理，一旦团队承诺了高目标，企业就会按照相应的承诺进行考核，但对目标达成的激励力度却不大。承受的风险与相应的回报不成比例会导致企业内部能力强的业务骨干不愿意做新业务的创新突破。

考核激励中的要点如下。

（1）基于两类场景侧重不同的考核指标

考核要基于目标进行，而目标要结合创新业务的特点来定。我们回到创新的两类场景，分别看看对创新的考核要点。

**场景一**：在非确定性市场中的业务探索。当创新仍处于初期的探索阶段时，考核一般聚焦于关键里程碑进展，如创新产品迭代速度及客户体验等。此时，如果盲目地把市场占有率作为考核目标，可能会产生灾难性的后果。这是因为，团队在市场占有率目标的压力下，很可能会花很大的精力把体验较差的产品推向市场，最终导致很差的客户体验。这既浪费了宝贵的资源，又会让不好的市场口碑影响以后的业务拓展。

**场景二**：在确定性市场中的业务迭代。此时，创新已经跨过了业务探索阶段，市场对相关产品有明确的需求，不确定程度较低。正是因为如此，对确定性领域创新的考核会相对严格。如果没有做好，往往是因为团队的能力和执行力有问题。考核一般聚焦于产品上市时间、营收规模、市场占有率、客户满意度等指标。

（2）让核心高管及业务骨干真正分享到创新红利

持续激励创新团队确实很有挑战性，企业应该怎么做呢？

一般来说，激励包括物质激励（如工资、奖金、股票期权等）和非物质激励（能力提升、职业发展、成就感等）两大类。不过，需要注意的是，即便激励机制比较完善，也并不是每个人都愿意冒险并拥抱创新。因此，正如前面提到的，选择合适的人员加入创新团队非常重要。

创新业务成功的关键之一是让核心高管及业务骨干与创新业务成为真正的利益共同体。我曾与一家初创企业的合伙人交流，对方说以前在公司上班时总是盼着周末休息，但是参与创业后则希望有更多的时间把项目做好，并开始自动自发地加班。

《裂变式创业》一书介绍了芬尼科技为了留住有创业理想和激情的核心员工而推行的裂变式创业这种新业务孵化模式。裂变式创业本质上是一种"公司投资＋核心员工跟投"的方式，即通过核心员工投资入股的方式让大家成为利益共同体进行创业。核心员工（包括新公司的高管）持股后，身份从员工转变为合伙人。不过，为了充分发挥这种模式的优势，必须考虑新项目与企业现有资源与能力积累是否可以产生协同效应，以及选出的合伙人的综合素质是否与具体项目相匹配。

"公司投资＋核心员工跟投"的方式既可以避免核心员工变为竞争对手，又可以在充分激发核心员工积极性的同时拓展新的业务领域，从而支持企业的长期可持续发展。这种模式被诸多知名企业所认可，海尔、海康威视等很多优秀的企业都采用了类似的模式。例如，海康威视公开发布的创新业务管理办法明确提出："公司采用设立子公司的方式孵化业务发展不确定性较大的创新业务。在新业务中，母公司持有 60% 的股权，核心员工可通过跟投平台跟投公司创新业务子公司 40% 的股权。"

面对部分创新业务的长期性、不确定性等特点，企业还可以把当期激励和回溯激励相结合，从而更好地激励创新团队勇于面对挑战和不确定性，真正实现获取分享制。例如，为了激励优秀的技术探索团队和个人，华为于 2021 年发布了《关于对技术探索团队和个人回溯激励的决议》，以进一步激励那些为公司做出过贡献的团队和个人。这至少体现了华为对员工历史贡献的认可，"激励可以迟到，但不能缺席"。

激励创新型人才的关键在于：第一，选对人；第二，将创新业务的成败与相关核心高管及业务骨干的个人利益深度绑定。

# 8.6　企业文化：能否营造出积极的创新氛围

我们先思考两个关键问题：

- 我们感受到企业文化的价值了吗？
- 如果有新人加入我们，其创新力会被激发还是会被压制？

企业文化要解决组织向心力的问题，归根到底就是为业务的可持续发展保驾护航。企业文化是一种可以促进组织长期可持续发展的无形力量，"资源是会枯竭的，唯有文化生生不息"。对任何企业来说，无论规模大小，越早进行企业文化建设，越有利于自身的长期可持续发展。

创新力非凡的企业（无论规模大小），往往拥有一些共同的关键特征（见图 8-5）。

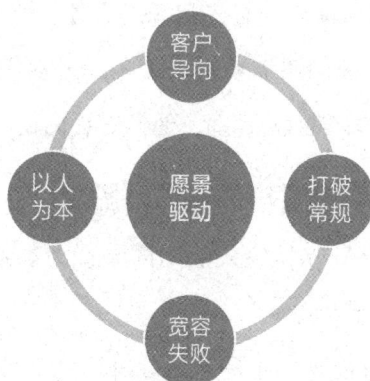

图 8-5　创新型组织的五个关键特征

### 1. 愿景驱动：通过远大理想赋予团队使命感

优秀的人才往往有更多的选择，他们为什么选择加入并留在我们团队中呢？这往往也与企业的远大理想直接相关，优秀的人才更看重其工作的意义。

如同我们心中的理想会影响我们的奋斗目标，企业家的理想直接影响着企业的走向。也就是说，企业家想经营一家什么样的企业十分重要，乔布斯就是一个被伟大愿景驱动的企业家。乔布斯带领团队创造了伟大的产品，这源自乔布斯的远大目标及坚定信念。

> 我的激情所在是打造一家可以传世的公司，这家公司里的人动力十足地创造伟大的产品，其他的一切都是第二位的。当然，能赚钱很棒，因为那样你才能制造伟大的产品。但是，动力来自产品，而不是利润。斯卡利（苹果公司前任 CEO）本末倒置，把赚钱当成了目标。这种差别很微妙，但它会影响每一件事：你聘用谁，提拔谁，在会议上讨论什么事情。
>
> ——乔布斯，《史蒂夫·乔布斯传》

企业的远大理想不仅可以吸引人才，还可以一定程度上实现优秀人才的自我管理。有人问乔布斯如何管理优秀的人才，乔布斯的观点是："优秀的人才可以自我管理，他们不需要被管理。一旦他们了解要做的事，就会着手去做，他们根本不需要别人管理，他们需要的是一个共同愿景。"

### 2. 客户导向：一切以客户体验为落脚点

很多企业在创新时最容易掉入的陷阱是：为了追求与众不同而创新，或者为了追求技术领先而创新。

无论深入分析成功企业，还是具体分析广受好评的创新产品，我们都会发现，成功的核心原则之一是真正关注客户体验并为客户创造价值，也就是客户导向。例如，亚马逊的 14 条管理原则中的第一条便是"客户至上"，华为的核心价值观首先强调"以客户为中心"。

在创新过程中，技术是否领先只是手段，能否给客户带来更好的体验并为客户创造价值才是根本。有人认为苹果公司并不是客户导向，其实这是一种误解。虽然乔布斯对用户调研并不持积极态度，但这并不代表他不关注用户需求。乔布斯本人对用户体验有独到的前瞻性判断力，并且对产品有极为苛刻的要求。在他看来，"技术应该朝着更加友好、人性化的方向发展，还要令人怦然心动"。因此，乔布斯的要求往往对应着目标客户群体的最高要求，这本质上仍然是客户导向。

### 3. 打破常规：不断突破原有思维局限

对有些企业来说，创新的最大挑战可能不是资源的匮乏，而是打破原有的思维局限。为什么很多颠覆性创新是由新进入者，而非行业的当前领导者发起的呢？主要原因之一是这些新进入者没有思维定势，所以他们更容易打破常规。突破思维局限的主要方法是持开放态度了解并学习新鲜事物，强化团队内部人才的多元背景及多元思想，不轻易对反常规的做法说"不"，并让不同思想进行碰撞。

例如，埃隆·马斯克（Elon Musk）就是一个喜欢打破常规的人，他思考问题的方式是直接关注事物最本质的东西，即"从最基本的原理出发，讨论一件事的可能性和努力方向"。正如特斯拉公司员工手册开头所写："我们是特斯拉，我们正在改变世界，我们愿意重新思考一切。"

### 4. 宽容失败：从失败中快速学习成长

任何企业都无法确保创新过程一帆风顺，尤其是全新的尝试面临着较大的不确定性时。为了激励团队勇于面对挑战，企业需要建立宽容失败的企业文化。例如，华为面对不确定性领域的创新，鼓励团队去尝试和探索，并宽容失败。正如任正非所说："什么叫失败？你走了此路发觉不通，你告诉你的同志这条路走不通，咱换条路走，那也是成功。在人类长河中，对未知的探索没有失败这个词。"

很多企业强调结果导向，其实结果导向本身没有问题，关键是要理解不同类型的创新难度差异是很大的。管理者要有能力区分哪些尝试是应该鼓励的（即使失败），而哪些失败是完全可以通过提升管理水平避免的。以结果论英雄的方式进行考核只会让大家回避不确定性，因为只有追求确定性才能降低失败的概率。而回避不确定性的结果会导致整个企业的创新力被压制。

## 5. 以人为本：让组织充满活力

以人为本是激活组织的核心，华为把这里的"人"锁定为奋斗者。"以奋斗者为本"已经成为华为企业文化的一部分，华为基于贡献给予奋斗者有竞争力的回报和发展机会，从而激活组织。

平庸的企业让员工只能发挥出实际能力的一部分，而优秀企业可以让员工超水平发挥，并不断超越自我。乔布斯对员工要求极为严苛，他的很多另类要求激励着团队把自身能力发挥到了极致。例如，乔布斯曾对 Mac 计算机启动速度过慢表示不满，他跟工程师说计算机启动速度慢对用户意味着生命的浪费，以此激励工程师优化计算机启动速度。乔布斯当时是这样说服工程师的："如果有 500 万人使用 Mac，而每天开机都要多花 10 秒钟，那么加起来每年就要浪费大约 3 亿分钟，而 3 亿分钟相当于至少 100 个人的终身寿命[①]。"

不同企业在激发组织活力方面的做法也不同。例如，3M 公司和谷歌为员工额外预留大概 15% ~ 20% 的自由时间，以进一步激发内部创新。亚马逊则要求领导者通过高标准来激励自己的团队为客户提供更加优质的产品和服务。

---

① 出自沃尔特·艾萨克森（Walter Isaacson）的《史蒂夫·乔布斯传》一书。3 亿分钟相当于约 570 年。

| 案例 | 美捷步的企业文化建设

电商平台一般主要通过更多的选品、更快的服务、更好的品质、相对低的价格，为顾客提供便捷可靠的购物体验，其中最典型的就是亚马逊。美捷步在企业文化方面则另辟蹊径，通过强调对客户的人文关怀并向客户传递快乐而独树一帜。

谢家华在总结自己为什么能在短时间内带领团队把美捷步从破产边缘拯救回来时，重点提到了企业文化的价值。早在 2004 年，美捷步的 CEO 谢家华决定汇总不同员工对企业文化的理解并编辑出版一本书，然后把它分发给准员工、供应商甚至客户。美捷步内部不断总结，提炼出了 10 条核心价值观。

- 通过服务让人们感到惊叹。
- 拥抱并驱动变革。
- 创造欢乐及一点点搞怪。
- 勇于冒险，敢于创新，开放思想。
- 积极进取和不断学习。
- 通过沟通建立开放和诚实的关系。
- 建立积极的团队，塑造家庭精神。
- 追求事半功倍。
- 充满激情和决断力。
- 虚怀若谷。

在新员工的留用方面，美捷步的做法更加独树一帜。在新员工入职培训期间，美捷步会主动让新员工考虑是否想离职，还会给提前离职的新员工额外发放 2 000 美元的补贴作为"激励"，从而让那些与企业文化不符的员工主动提前离开。

美捷步把经营理念与企业文化相融合，让快乐感染员工，并把快乐传递给客户，让客户为之感动并成为美捷步的忠实用户。对企业文化的投入与践行让美捷步在 2008 年就实现了 10 亿美元的销售目标，这比预定的时间提前了 2 年。

## 本章小结

有些组织可以激发创新，有些组织则会阻碍创新。本章重点介绍了影响组织创新力的六大维度，分别是业务战略、业务流程、组织架构、人才队伍、考核激励和企业文化。每一家企业都可以结合六大维度审视当前组织正在如何影响创新，然后识别短板并进行持续改进。

# 第 9 章

# 管理变革：企业持续创新的组织能力保障

> 企业可以通过一两次重大创新解决短期的生存发展问题，而把创新真正融入日常经营则是对组织能力的重大考验。本章从经营视角剖析企业创新的组织能力保障。组织能力可以简单地总结为一句话：外看客户体验，内看成本效率，长期看核心竞争力的积累。那么，持续提升组织能力的主要挑战和基本思路是什么？

# 9.1　组织能力：持续创新的根基

当我们复盘创业团队的阶段性成败时，往往会发现能够活下来的团队已经是佼佼者。但是，对活下来的创业团队来说，他们的目标当然不仅仅是活下来，而是进一步发展壮大。但是，从活下来到进一步发展壮大并不容易。同样，对成熟企业来讲，持续创新也十分不容易。

| 案例 | 某高科技企业所面对的持续创新挑战 |

深圳的一家高科技企业聚焦于智能交通领域，早期凭借创新型解决方案在交通领域的细分市场取得了突破。该企业在解决了生存问题后，更加关注如何进一步发展壮大。不过，该企业布局的新业务的发展并没

有达到预期，核心问题如下：

- 针对新市场做了战略投入，但发现未来难以盈利。也就是说，前期的战略机会选择有失误；

- 多项业务同时开展，想聚焦但不知如何取舍；

- 客户频繁更改需求，开发团队忙于应对，导致项目不断延期；

- 产品的核心卖点难以打动主流客户；

- 交付项目管理问题频发，直接影响了客户满意度；

- 虽然扩大了营销团队，但团队扩张并没有带来预期的营收业绩增长，新市场拓展效果不及预期；

- 组织架构频繁调整，却总解决不了核心问题，团队成员陷入困惑。

---

我们通过上述案例可以看出，一两次重大创新虽然有挑战性，但更有挑战性的是持续创新突破。上述案例中的企业面对的主要瓶颈是组织能力，而组织能力是企业持续创新的根基。这就要求企业取得阶段性成功后持续强化自身的组织能力，以应对未来的不确定性。其实，不仅小企业要面对组织能力的问题，大企业也是如此。例如，华为 2010 年进入智能手机的 B2C 市场，当时市场竞争已经十分激烈。但是，经过 4 年左右的努力，华为终于把 B2C 业务做成功了，成功的关键就是强大的组织能力和持续的创新突破。

如何理解组织能力呢？组织能力可以简单地总结为一句话：外看客户体验，内看成本效率，长期看核心竞争力的积累。任正非很推崇李冰父子"深淘滩，低作堰"的治水理念，并从企业管理的视角对其做了解读，这可以说是对组织能力的另一种诠释。

深淘滩，就是不断地挖掘内部潜力，降低运作成本，为客户提供更有价值的服务。客户决不肯为你的光鲜及高额的福利多付出一分钱。我们的任何渴望，除了用努力工作获得外，别指望天上掉馅饼。公司短期的不理智的福利政策，就是饮鸩止渴。低作堰，就是节制自己的贪欲，自己留存的利润低一些，多一些让利给客户，以及善待上游供应商。将来的竞争就是一条产业链与一条产业链的竞争。从上游到下游的产业链的整体强健，就是华为生存之本。物竞天择，适者生存。

——任正非在运作与交付体系奋斗表彰大会上的讲话，2009 年

如何进一步理解组织能力呢？企业的高效运作涉及多个方面的能力，包括对战略方向的把控能力、满足客户需求并构建自身产品市场竞争力的能力、持续获取客户并留住客户的营销与服务能力、高效的组织协同能力、愿景与价值观牵引的组织向心力。这些都是企业的能力要素模型中的重要内容，如图 9-1 所示。

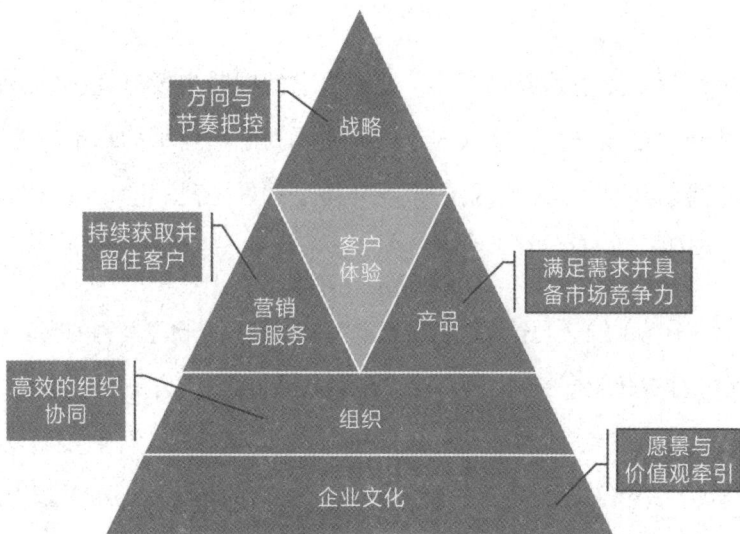

图 9-1　企业的能力要素模型

图 9-1 中的模型把企业的核心能力分为五大方面，分别是战略、产品、营销与服务、组织、企业文化。当然，这是一个比较通用的模型，不同行业之间存在一定的差别，侧重点也有所不同。

我们结合图 9-1 中的模型审视前面案例中这家高科技企业所面对的挑战。

- 战略层面：前期做了战略投入，经过市场验证后发现项目没有发展前景，而且多项业务同时开展导致资源分散，不知如何做出取舍。
- 产品层面：对客户需求的把握不准，产品难以打动主流客户。
- 营销与服务层面：获取客户及订单的能力没有因为营销团队的扩张而产生预期的提升，项目交付经常延期并引起客户投诉。
- 组织层面：组织架构经常调整，调整后又很快被否定，导致团队人心不稳。
- 企业文化层面：组织由日常的工作任务驱动，缺乏核心价值观及愿景驱动。

无论初创企业还是成熟企业，在有追求的同时也要有危机感。企业要发展，就必须持续进步，并且进步的速度要高于行业平均水平。无论当前的业绩是增长还是下滑，所处的市场环境是利好还是利空，企业都要时刻思考以下问题。

- 我们业务的快速增长是得益于行业发展红利还是自身能力的突破？
- 在行业整体发展的停滞期，我们能否找到行之有效的破局之道？
- 我们的核心竞争力是什么？如何在动态的环境中长久地保持竞争优势？
- 作为后来者，我们是否在不断缩小与领先者的差距并能最终实现超越？
- 成为行业领导者后，我们是否有能力保持甚至扩大领先优势？

# 9.2　通过管理变革提升组织能力并实现可持续增长

企业发展到一定阶段后就会遇到明显的组织能力瓶颈，此时，应该如何提升组织能力呢？答案是：通过管理变革破局。可惜的是，虽然有越来越多的企业开始重视管理并进行管理变革，但是很多企业的管理变革往往达不到预期，走了不少弯路。例如，近几年很多企业在学习华为，希望通过学习华为提升自身的管理水平，但结果常常不尽如人意。

下面看一个管理变革的真实案例。

---

**案例**　充满挑战的管理变革

某企业是一家人工智能硬件企业，主要为下游企业提供基于传感器的智能化解决方案。近年来，该企业正好遇上行业大发展，所以业务发展迅速。但是，创始团队也开始焦虑，因为规模增长暴露了管理短板。在这样的背景下，该企业在咨询公司的帮助下开始导入 IPD。但是，随着咨询项目的推进，让顾问方和企业高层都头痛的问题出现了：咨询项目总是被紧急的事情所打断（如研发项目进度严重滞后、投入市场的产品由于质量问题被投诉、大客户拓展工作需要紧急支持等）；项目组成员由于有太多的工作，对咨询项目并不积极。结果，项目进展严重偏离预期。咨询顾问开始抱怨企业的管理水平太低，企业的资源被各类紧急事项所占用，最终导致项目难以顺利推进；企业高层虽然有一定程度的自责，但也抱怨咨询公司没有创造预期的价值。

---

我们通过上面的案例可以看到中小企业实施管理变革时所面临的典型困境：咨询顾问往往关注如何解决企业长远发展的问题，但企业深陷日常

运营的困局而难以自拔，最终导致变革资源难以保证，项目推进受阻。如果无法摆脱这一困境，就算导入再多的流程或方法都是无效的，甚至会起到反作用。这说明管理变革不仅要导入流程或方法，更要深度结合企业的现状及未来目标精心设计实施方案。整个方案既要解决企业长远发展的问题，又要破解企业日常运营所陷入的僵局。

管理变革对任何一家企业来说都是一件很有挑战性的事情。为什么很多管理变革项目注定难以成功呢？主要是因为这类项目往往面临诸多挑战。

- 企业高层对管理变革顾虑重重，担心变革失败，在变革项目推进过程中对关键瓶颈问题的处理犹豫不决。
- 企业高层团队有较强的优越感，缺乏变革的意愿。
- 企业高层对管理变革的期望值过高，忽视了管理提升的客观规律。
- 主导管理变革的领导者并非合适人选，缺乏变革的魄力或思维固化。
- 资源投入不足，尤其是业务骨干投入不足，无法确保工作质量。
- 管理变革涉及利益的重新分配，既得利益者进行消极抵制。
- 企业未能充分调动员工的热情，员工响应不积极。
- 咨询方案设计不合理，节奏过快且缺乏针对特定关键问题的有效解决措施。
- 缺乏对管理变革项目的过程管控能力。
- 企业在落地执行方面投入不足，也不重视相关的辅导，导致管理变革方案难以落地。

在开展管理变革的过程中，企业既要尊重客观现实（深度结合业务现状），又要有变革的魄力（尤其是一把手），如何做好平衡则可以说是一项重大的挑战。在向业界标杆学习时，企业先要理解企业运作的根本逻辑，从而进一步理解提升管理水平应该关注哪些要点和原则。只有把这些问题想清楚，才更容易抓住主要矛盾。

## 9.2.1 基于企业的能力要素模型看业务挑战并提出应对思路

我们结合图 9-1 中的企业能力要素模型，重点基于 B2B 业务场景，从战略、产品、营销与服务三个方面分析企业面对的典型挑战及应对这些挑战的基本思路，组织与企业文化的内容则不做展开。

### 1.战略能力

在战略层面，企业一定要解决方向性的问题，要跳出具体问题看全局，把握好发展方向。要动态审视外部市场环境、现有业务模式及关键业务挑战，主要回答"我们要到哪里去"和"我们应该如何去"等问题，这些问题主要涉及业务方向的选择、目标及关键策略的制定等。

企业在战略能力上面临的典型挑战及应对这些挑战的思路如下。

（1）典型挑战

- 缺乏对市场的持续深入洞察，对市场的理解浮于表面，对变化的感知明显滞后。
- 对未来的发展方向缺乏深入思考，企业高层缺少战略共识。
- 业务组合设计不合理，抵御风险能力弱。
- 战略好高骛远，与组织能力脱节，缺乏可落地的措施。

（2）应对思路

- 强化组织中"营"的职能和资源配置，持续洞察市场机会，保持对外部市场环境变化的敏感度。
- 跳出具体问题看全局，定期审视自身的业务组合及业务设计，提前为未来布局。
- 战略制定要与自身资源和能力相匹配，同时适度牵引资源能力的突破，但两者不能脱节。

- 面临业务增长瓶颈时，结合自身情况分别从以下角度进行深度分析和思考，选择适合自己的战略举措：

  - 通过做减法聚焦高价值业务，先在少数领域做强做大；

  - 基于客户需求视角自外而内推动业务增长，在现有业务的基础上扩大发展空间；

  - 基于核心竞争力视角自内而外推动业务增长，发挥自身现有的资源和能力优势；

  - 布局新赛道，在新价值市场中培育新业务（要建立在相对充分的市场洞察和分析的基础之上，并且预留试错空间）；

  - 在危机时期考虑适当地收缩业务，确保利润和现金流。

### 2. 产品能力

产品是价值的载体，直接关系到客户体验和企业营收。企业提升产品竞争力时，不仅要关注产品开发的具体过程，还要关注产品规划（属于战略范畴）、需求管理、产品立项和产品上市等多个环节（见图 9-2）。

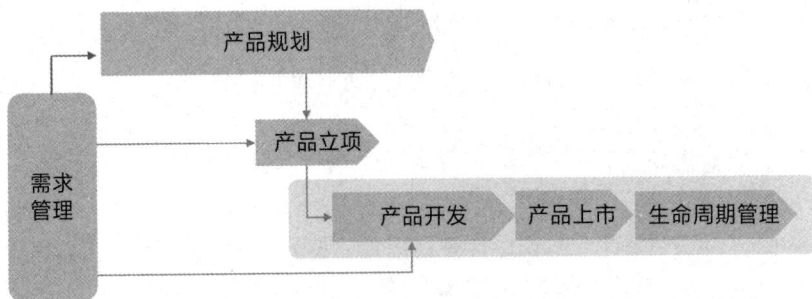

图 9-2　产品竞争力涉及的主要环节

有些企业提升产品竞争力之所以困难重重，主要是因为它们把提升产品竞争力这件事想得"太小"，认为产品竞争力就是研发部门的事情，导致其他部门（尤其是营销）对产品竞争力提升的贡献不足。有些企业也许有正确的认识，但面临无奈的现实：要么有限的开发资源被耗散在被动地响应定制化需求开发上，要么整个研发团队对市场的理解不足，导致产品开发一直以技术为导向，市场定位不精准，进而开发出来的产品很难有亮眼的市场表现。

企业在产品能力上面临的典型挑战及应对这些挑战的思路如下。

（1）**典型挑战**

- 产品定位不精准，没有抓住目标客户的真正痛点，导致产品在推向市场之前就注定缺乏吸引力。
- 缺少中长期高价值需求输入，导致产品规划成为无源之水。
- 产品立项环节形同虚设，无论资源投入还是组织能力都存在明显的不足。
- 缺乏对客户的深刻理解，不能有效地引导客户，只是被动地响应市场需求，产品定制化严重耗散企业资源。
- 需求变更缺乏控制，导致新产品不断延期，产品上市节奏被打乱。
- 技术能力过多地限制了需求的实现，市场需求对技术能力的驱动不足。
- 产品上市的相关环节准备工作严重不足，导致新产品无法快速上量。
- 立项初期对盈利空间的判断有严重偏差，产品上市后无法实现预期盈利。
- 由于面临诸多不确定性，营销团队不愿意大力推广新产品。
- 研发团队与营销团队之间缺乏协同，研发团队仅仅关注如何按时交付产品，并不真正关心销量。
- 产品竞争力的提升成了研发团队的事情，营销团队没有发挥应有的作用。

（2）应对思路

- 从管理的角度来讲，如果研发体系仅仅聚焦于产品开发，那么视野必然受限。因此，企业一定要让研发体系把着眼点落在通过提升产品竞争力实现商业成功上。

- 从市场驱动的角度来看，营销团队要关注如何通过客户需求驱动产品开发，使之开发出能够满足市场需求的产品和解决方案，但要避免完全被动地响应市场的短期需求，一定要抓住高价值需求。

- 提升产品竞争力要求企业强化市场洞察，研发团队也要有人去市场一线深入了解客户需求，并把客户需求管理作为重要工作之一。

- 无论产品规划、产品立项还是客户需求管理，都需要建立跨部门团队，进行常规化、流程化的协同运作。

### 3. 营销与服务能力

营销与服务能力的提升一般涉及营销业务规划、销售管理、管理线索、管理机会点、管理合同执行、交付项目管理等环节（见图 9-3）。

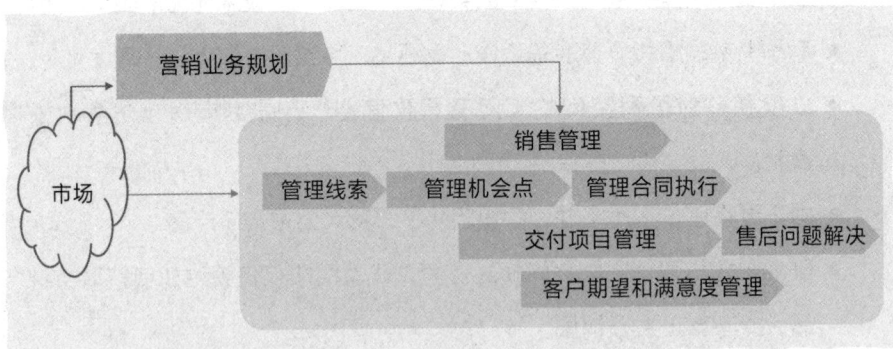

图 9-3　营销与服务能力提升涉及的主要环节

一般来说，营销体系的变革是最困难的，原因主要有三点：第一，营销体系的变革会直接涉及利益的再分配（例如，所负责区域及客户的重新划分、激励方式的调整等），所以往往面临较大的内部阻力，尤其是在少数销售精英掌控了大部分关键客户资源的企业；第二，企业高层对营销变革有比较大的顾虑，担心营销变革会影响营收业绩；第三，营销人员本身不喜欢被规则约束，而且销售业务主要是和人打交道，业务标准化的难度相对较高。

另外，很多企业认为服务无法直接创造收益，所以往往忽视了服务体系的建设，进而导致服务体系所需资源得不到保障。服务的工作重点有四个：一是根据需要提前介入销售项目，从项目交付视角确保合同本身的高质量；二是基于合同进行高质量的交付，从而确保最终的回款；三是及时响应并解决客户的问题；四是驱动内部的持续改进。同时，服务体系还要与营销体系共同对客户期望和满意度进行主动管理。

企业在营销与服务能力上面临的典型挑战及应对这些挑战的思路如下。

（1）典型挑战

- 没有对市场进行深入的机会洞察，制定市场目标时缺乏依据，业务目标达成的不确定性很高，导致考核机制难以服众。
- 没有针对如何拓展市场制定统一的策略，导致整体运作效率低下。
- 考核激励没有拉开应有的差距。
- 在发展初期采用提成制，到了规模化阶段未及时调整考核激励方式，导致业务发展遇到瓶颈。
- 未将目标市场及客户分级分类，没有把资源向优质市场和优质客户倾斜。
- 未将销售项目分级，关键项目存在投入不足或过程管理不善等问题。
- 客户关系掌握在少数人手中，没有形成组织能力。
- 对客户的业务痛点理解不深，对项目的引导能力弱，导致项目在解决方案层面的优势没有发挥出来。
- 合同质量差，导致盈利减少且交付及回款风险增加。

- 对客户满意度的关注不足，缺乏对客户反馈的有效管理。
- 跨部门、跨体系的协同不畅，包括区域组织内部的协同、区域组织与总部团队之间的协同。

**（2）应对思路**

- 要意识到市场洞察的重要性并正视差距，配置相关资源持续强化自身对市场的理解与分析。
- 克制看到什么市场机会都想去抓的冲动，重新审视现有资源的投入产出，通过营销业务规划牵引业务目标及资源投入，提升有限资源的投入产出比。
- 不把服务看成负担，服务体系也要承载发现市场机会、深入理解客户业务、挖掘需求、提升客户体验并强化客户关系等职责。
- 服务体系不仅要处理当下问题，还要基于过程中发现的问题反向驱动企业内部的持续改进。
- 通过优化客户界面的组织设计提升组织协同能力，并强化总部对区域的支撑服务，总部不能只做单纯的业务管控。
- 不急于导入标杆企业的营销流程，而是先审视自身业务存在的主要矛盾。对中小企业来讲，有时组织和关键人员的调整比具体的业务运作流程和方法更加重要。

## 9.2.2　企业开展管理变革需要遵循的四大基本原则

企业在实施管理变革时往往会遇到很多意想不到的问题。是因为其他企业的成功经验不具有可复制性，还是因为自身的学习方法有问题呢？其实这往往是学习方法出了问题。学习方法对了，企业就可以对如何取舍标杆经验做出正确的判断。

　　企业应该如何更好地应对管理变革过程中的挑战，从而提升变革的成功率呢？这里总结了四大基本原则：

- 化繁为简，循序渐进；
- 把握时机，找准切入点；
- 关注人的因素，管理团队以身作则；
- 导入变革方案只是开始，只有真正实践才能成长。

## 1. 化繁为简，循序渐进

### （1）化繁为简

　　企业开展管理变革时要避免把简单的事情复杂化，力求化繁为简。只有简单，才便于理解和执行，组织能力不强的企业更是如此。虽然不少企业也知道流程要与业务相匹配，但是在实际执行过程中仍然容易掉入追求完美、贪大求全的陷阱，这往往是管理变革项目失败的关键原因之一。

　　为什么会出现这种情况呢？其实这是企业与咨询顾问双方共同"努力"的结果。

- 部分企业会低估管理变革的难度并有不合理的高预期。企业认为高投入就要有高产出，而高产出意味着对最终输出的变革方案的广度和深度的高要求。但是，在实施变革方案的过程中，企业一旦遇到资源分配冲突或结果不达预期等问题，就容易对变革的价值产生怀疑，甚至彻底否定变革。

- 部分咨询顾问有时会做出妥协并对项目盲目乐观。咨询顾问基于对自身能力和价值的自信，有时会答应企业不切实际的要求，于是自觉或不自觉地把变革方案做得大而全，但这在一定程度上为变革失败埋下了伏笔。当然，也不排除个别咨询公司为了追求订单规模而把项目范围一次性做大的情况。

### （2）循序渐进

管理变革并不是只要企业在短期内投入大量资源就可以快速完成的。管理变革是一场持久战，企业必须在诸多业务问题中抓住主要矛盾。企业应该从变革最终落地的角度思考如何把复杂的管理变简单，先抓好核心问题的改进，然后逐步完善扩展。只有做好每一次管理变革，争取每一次变革都取得成效，让企业有所进步，项目团队才有持续变革的信心、动力和勇气。

如果项目团队能够基于企业的实际组织能力将管理变革实施方案化繁为简，并循序渐进地推进，变革项目的成功率就会大幅度提升。

## 2.把握时机，找准切入点

### （1）把握时机

由于惰性，很多企业总会把重要但不紧急的事情往后推，直到这些事情变得重要且紧急时才开始认真对待，其中就包括管理变革这样的事情。

企业应该在什么时候启动管理变革呢？可以说，这是一个没有标准答案的问题。不过，企业可以对照图9-1中的企业能力要素模型来审视自身的组织能力，如果觉得自身的组织能力无法支撑未来的可持续发展，就要尽早启动管理变革。

还有一条基本原则是，企业应该避免在业绩严重下滑时才启动管理变革。这时启动管理变革往往会把变革项目视为最后的救命稻草，但变革成功并非一朝一夕的事情。企业一旦遭遇增长停滞，原来看似不是大问题的各种问题就会凸显出来；而且，面对资源分配冲突，企业必然会优先考虑眼前的生存问题。在这两方面因素的影响下，管理变革项目往往会虎头蛇尾，还没等到变革真正起作用就被搁置了。这不但浪费了前期投入的资源，还透支了项目团队对管理变革的信心。

| 案例 | 被推迟的营销业务变革 |

　　面对日益激烈的市场竞争，一家身处制造业的企业开始意识到自身组织能力的不足并打算开展管理变革。但是，由于当时业绩还勉强说得过去，企业内部对是否要启动管理变革有不同的声音。有人认为当时的业绩还可以，没必要请外部的咨询公司进行管理变革；有人则认为有必要进一步完善营销体系，以便应对未来更加激烈的市场竞争。

　　最后，企业高层考虑到大家的变革意愿还不够强烈，决定推迟实施营销体系变革计划。结果，第二年该企业业绩严重下滑，这时大家都有了更强烈的危机感，不得不引入管理变革。但是，营销业务变革需要企业投入不少资源，而且不是几个月就能立刻出效果的。在业绩持续下滑的压力之下，营销变革项目两度中断。当时，该企业负责营销的副总裁也在反思，他非常后悔没有早一点启动变革项目。在业绩下滑的时候启动变革项目，大家还要承受业绩目标完不成的压力，所以很难静下心来专注于管理变革工作。

---

　　通过上述案例，我们可以看出：管理变革要在业绩好的时候进行，未雨绸缪才能静下心来做管理变革，而不至于因为生存问题乱了节奏，导致欲速则不达。

　　（2）找准切入点

　　绝大多数企业都存在各种各样的问题，如战略层面的问题、研发或销售等具体业务层面的问题、组织内部的协同问题等。那么，企业进行管理变革时应该从何处切入？

　　一位企业家说，很多人建议他从战略层面入手，理由是企业要想发展，首先要确保战略方向是正确的。但他觉得当时自己企业的组织能力在短期内没有办法支撑做好战略，所以希望先从营销或研发领域切入。其实，从这家企业当时的具体情况来看，不得不说这位企业家非常明智。

对于变革应该从何处切入的问题，确实要结合企业的具体情况来看。如果一家企业的战略方向比较模糊，甚至出了方向性的问题，那么从战略层面切入也许是较好的选择。不过，有些企业即使优先导入战略变革，最后的结果也往往是用战略层面的方法把现有的业务方向简单地梳理了一遍，短期内对实际业务的支撑价值有限。如果是这种情况，就不建议企业从战略层面切入。此时，企业可以从当前的业务痛点切入，如营销或研发方面的痛点。不过，即使从营销或研发领域切入，每个业务领域也会涉及多项工作内容，具体从哪个点切入仍要进一步思考。企业要深度结合自身业务现状、资源能力、难易程度及预期效果等选择切入点。一般来讲，既是当前业务痛点又可以快速产生价值的点是比较好的切入点。

这里结合本章的第 2 个案例（充满挑战的管理变革）继续探讨。这家企业当时决定引入 IPD 体系，并与咨询团队最终确定了咨询项目的范围：产品规划和产品开发流程。单独从这两个模块的价值来看，这样安排似乎无可厚非：一个模块解决了产品战略这一长期问题，另一个模块解决了产品开发规范性及可复制性的问题。但是，项目实施的结果是资源冲突严重，项目成员的配合意愿不强，最终导致项目难以落地，导入的流程和方法也被束之高阁。

其实，在这种情况下，我更倾向于从产品立项管理这个模块切入。这是因为，做好产品规划的基础是对市场做全面的洞察分析，而在组织能力不足时，从产品规划切入开展管理变革是很难快速见效的，而且需要投入较多的资源。而产品立项管理的涉及面相对有限，对资源的需求相对适中，而且这是企业的例行工作，也是切实的痛点。

### 3. 关注人的因素，管理团队以身作则

企业开展管理变革时要关注人的因素，具体来说，就是分别从意愿和

能力两个方面解决相关问题。

（1）意愿

如果大家都安于现状或以成功者自居，就很难有效地推行变革。变革最难的是改变人的思想，如果某些关键人员的思想与变革理念相背离，就会难上加难。首先，管理变革项目负责人及企业高层一定要有变革的动力和魄力。其次，在确定管理变革团队成员时，也要重点关注其是否有变革的意愿。不过，这个问题在一些中小企业中解决起来有挑战性，因为合适的人选比较少，尤其是变革项目负责人。

变革的难度不亚于甚至高于业务领域的现有工作，而且很多项目成员都是兼职做变革项目，因此企业应当同时推出对应的考核激励政策，以进一步激发管理变革项目团队的斗志。

在开展管理变革的过程中，企业难免会遇到各种挑战，如资源冲突，员工抗拒等。管理团队此时要以身作则，积极推进管理变革。如果管理团队对变革重视不足，持"可做可不做，先试试看"的态度，那么必然会出现因资源分配冲突而导致资源投入不足的问题。而且，管理层的不重视会对执行层产生不当的暗示，导致项目组成员在项目推进过程中以各种理由缺席，无法高质量地完成相关工作，最终变革项目无法达到预期的效果。

---

**案例**　团队刚被调动起来的变革热情被浇灭

一家企业启动了管理变革项目。在动员会上，咨询顾问、企业创始人和变革项目组负责人都强调了变革的重要性，项目组成员也认识到了变革项目的优先级很高。变革项目很快就进入了实施阶段，但也很快出现了一些小的冲突：参与变革项目的业务骨干小王由于第二天要临时拜访大客户而不得不请假。小王试探着问："领导，我明天要临时拜访大客户，所以可能无法参加明天的咨询项目辅导，可以吗？"企业创始人顺口回复："没问题。这个客户的订单一定要快速推进，业绩目标一定要达成！"显然，这样的对话会让项目组其他成员感受到该项目在领导心中真实的重要程度，也找到了后续可以不参加变革项目例行辅导的请假理由。

当然，问题的本质还是这位企业创始人没有真正把管理变革放到优先级非常高的位置。如果他重视管理变革，那么即使小王第二天一定要去拜访大客户，其回复方式也应该调整一下。他可以说："小王，我知道你要见客户这件事有些突发，也很重要，但是你这次去见客户只是解决眼前的问题，长期来看，管理变革项目的意义更加重大。这次我就批准你请假，但是你回来之后必须找人把错过的内容补回来，变革项目安排下来的工作也要继续高质量地完成。还有，后续大家都要进一步强化工作的计划性。"此外，为了让企业高层真正重视变革，顾问团队也要加强与企业高层的沟通，真正理解企业所面对的现实挑战并协助他们找到有效的破解之道。

---

（2）能力

在开展管理变革时，既要导入业界的领先实践，也要将其与企业自身的实践经验进行深度结合。如果只是简单地移植优秀实践，在变革落地过程中必然会遭遇较大的挑战，这会大大降低变革的成功率。要想把自身经验与标杆做法充分融合，企业就要让真正有实战经验且有变革意愿的业务骨干加入变革项目团队。

### 4. 导入变革方案只是开始，只有真正实践才能成长

前文已经强调了管理变革方案与业务现状相匹配的重要性，我们还要认识到一点：变革成功与否的关键之一是变革方案能否真正落实到日常工作中并持续优化。有些变革方案虽然没有问题，但是企业在方案设计完成

后并没有认真地推行，而只是对原有业务运作方式进行小修小补，最终导致变革效果大打折扣。对企业来讲，关键是要持续进步。企业可以通过PDCA（计划、执行、检查、行动）循环发现自身的不足之处并持续改进。

　　总之，导入变革方案并不意味着变革的完成，这仅仅是一个开始，企业要做好在管理变革方面进行长期投入的心理准备。

## 本章小结

　　持续创新需要组织能力的支撑，而组织能力的提升又需要管理变革的推动。本章基于组织能力中的战略、产品、营销与服务三个维度，分析了企业在开展管理变革时面对的典型挑战及应对这些挑战的思路，并结合实际案例阐述了企业开展管理变革需要遵循的四大基本原则：

- 化繁为简，循序渐进；
- 把握时机，找准切入点；
- 关注人的因素，管理团队以身作则；
- 导入变革方案只是开始，只有真正实践才能成长。

# 参考文献

［1］ 彼得·德鲁克.创新与企业家精神［M］.蔡文燕，译.北京：机械工业出版社，2007.

［2］ 沃尔特·艾萨克森.史蒂夫·乔布斯传［M］.管延圻，魏群，余倩，赵萌萌，译.北京：中信出版社，2011.

［3］ 曹德旺.心若菩提［M］.北京：人民出版社，2014.

［4］ 范海涛.一往无前［M］.北京：中信出版社，2020.

［5］ 胡元斌.蒸汽机之父瓦特［M］.沈阳：辽海出版社，2017.

［6］ Iddan G J，Swain C P. History and development of capsule endoscopy［J］. Gastrointestinal Endoscopy Clinics of North America，2004，14（1）：1-9.

［7］ 奥利弗·加斯曼，卡洛琳·弗兰肯伯格，米凯拉·奇克.商业模式创新设计大全［M］.聂茸，贾红霞，译.北京：中国人民大学出版社，2017.

［8］ 亚德里安·斯莱沃斯基，大卫·莫里森，鲍勃·安德尔曼.发现利润区［M］.吴春雷，译.北京：中信出版社，2018.

［9］ 戴夫·莫克.高通方程式［M］.闫跃龙，戴如梅，嘉礼，莜蕾，译.北京：人民邮电出版社，2005.

［10］李彦宏．智能交通［M］．北京：人民出版社，2021.

［11］古森重隆．灵魂经营［M］．栾殿武，译．成都：四川人民出版社，2017.

［12］蔡明介．竞争力的探求［M］．合肥：合肥工业大学出版社，2008.

［13］蔡明介，其格，方浩．蔡明介：从外向内看——联发科如何选择新市场［J］．创业家，2010（05）：96-98.

［14］亚德里安·J.斯莱沃斯基．价值转移［M］．凌郢，译．北京：中国对外翻译出版公司，2000.

［15］夏忠毅．从偶然到必然［M］．北京：清华大学出版社，2019.

［16］施振荣．微笑曲线［M］．上海：复旦大学出版社，2014.

［17］克莱顿·克里斯坦森．创新者的窘境［M］．胡建桥，译．北京：中信出版社，2010.

［18］埃里克·莱斯．精益创业［M］．吴彤，译．北京：中信出版社，2012.

［19］加里·哈默，比尔·布林．管理大未来［M］．陈劲，译．北京：中信出版社，2008.

［20］杰姬·芬恩，马克·拉斯金诺．精准创新［M］．中欧国际工商学院专家组，译．北京：中国财富出版社，2014.

［21］谢德荪．重新定义创新［M］．北京：中信出版社，2016.

［22］吴晓波．腾讯传［M］．杭州：浙江大学出版社，2017.

［23］宗毅，小泽．裂变式创业［M］．北京：机械工业出版社，2016.

［24］杰伊·艾略特．与乔布斯一起领导苹果［M］．米拉，译．北京：中信出版社，2016.

［25］周航．重新理解创业［M］．北京：中信出版社，2018.

［26］Podolny J M, Hansen M T. How Apple Is Organized for Innovation［J］．Harvard Business Review, 2020（11/12）：87-97.

［27］谢家华．回头客战略［M］．谢传刚，译．上海：文汇出版社，2017.